Silvia Mustert
Hans-Georg Spangenberger
Irmi Spangenberger

Weihnachts-landschaften

Eine spirituelle Erlebnisreise

Bernward bei Don Bosco

Bibliografische Information Der Deutschen Bibliothek

Die Deutsche Bibliothek verzeichnet diese Publikation in der Deutschen Nationalbibliografie; detaillierte bibliografische Daten sind im Internet über <http://dnb.ddb.de> abrufbar.

1. Auflage 2002 / ISBN 3-7698-1363-4
© 2002 Don Bosco Verlag, München
Umschlag: Michael Brandel
Satz: undercover, Augsburg
Produktion: Don Bosco Grafischer Betrieb, Ensdorf
Mit freundlicher Unterstützung der Hanns-Lilje-Stiftung

Gedruckt auf umweltfreundlichem Papier.

Inhalt

Einführung 6

Bild 1: »Da haben die Dornen Rosen getragen« 10

Bild 2: »Im Anfang war das Staunen« 15

Bild 3: Dem Stern folgen 21

Bild 4: Dem Himmel so nah 28

Bild 5: Engelspuren 34

Bild 6: Menschen, die zur Krippe kommen 40

Bild 7: Stop – Look – Listen 42

Bild 8: »Im Herzen bewahren« 50

Bild 9: Weihnachtsbaum – Lebensbaum 62

Bild 10: Mit allen Sinnen: Apfel, Nuss und Mandelkern 64

Die Ausstellung: Weihnachtslandschaften – Hameln 2001 75

Dank 87

Literaturauswahl 93

Quellennachweis 94

Bildnachweis 95

höhle

dunkel leuchtende höhle
wo wir
wärme suchen und zuflucht
bei feuer und freunden

schöne höhle gott
in die wir
immer schon gehen
und wissen es nicht

Kurt Marti

Weihnachtslandschaften

Am Anfang unserer Überlegungen zu den »Weihnachtslandschaften« stand ein Unbehagen: das Unbehagen, das wir als Religionsunterrichtende an den traditionellen »weihnachtlichen Schulveranstaltungen« empfanden.
Trotz des großen Bemühens, zusammen mit Chor und Orchester und verschiedenen Klassen eine gottesdienstliche Form zu finden, die festlich und schülernah ist, hatten wir durchgängig das Gefühl, die Schülerinnen und Schüler nicht wirklich zu erreichen. Zu fremd war diese Welt, die für eine Stunde in den Mittelpunkt gestellt wurde. Zu unverständlich erschienen die christlichen Symbole und Bilder, die sich ohne konkrete Begegnung und Erfahrung scheinbar kaum von selbst erschließen.
Trotzdem steht alle Jahre wieder gerade zur Advents- und Weihnachtszeit eine besondere Sehnsucht spürbar im Raum: die Sehnsucht nach dem ganz Anderen, nach der Wirklichkeit hinter der Wirklichkeit jenseits aller Weihnachtsvermarktungen. Hinter diesem schwer definierbaren Bedürfnis schimmert vermutlich die Frage nach dem Außergewöhnlichen durch oder sogar die Sehnsucht nach dem Heiligen, die nicht nur bei 18-jährigen Schülerinnen und Schülern zu finden ist, sondern sich bei vielen von uns immer wieder Bahn bricht.
Dieser Sehnsucht Raum und Zeit zu geben und sie über alle Sinne mit den existentiellen Gehalten der christlichen Weihnachtsbotschaft in Beziehung zu bringen – das war eines unserer Hauptmotive beim Nachdenken über ein neues Konzept.
Angeregt durch positive Erfahrungen mit kirchenpädagogischen Exkursionen und durch den »Garten Eden« in der Apostelkirche in Hannover während der Expo 2000 entstand schließlich unser Traum:
Im Hamelner Münster St. Bonifatius wollten wir eine »Weihnachtslandschaft« entstehen lassen, in der die Besucher sich dem Sinn des Weihnachtsfestes umfassend nähern konnten. »Sinn« kommt aus dem Althochdeutschen »sinnan«, was so viel heißt wie fahren, gehen, begehen. Also sollte im Begehen des Kirchenraumes die Begegnung mit einzelnen Aspekten der Weihnachtsgeschichte möglich sein. Dazu sollten zehn Stationen im ganzen Kirchenraum alt- und neutestamentliche Erzählungen als elementare Angebote zur eigenen Persönlichkeitsbildung in den Blick rücken. Neben einer sorgfältigen Text- und Symbolausarbeitung sollte immer auch der Gedanke der sinnlichen Erfahrung über das Sehen, Hören, Schmecken und Riechen im Mittelpunkt stehen.
Das war der Beginn der Ausstellung »Stop – Look – Listen: Weihnachtslandschaften«, die zum ersten Mal im Dezember 2001 in Hameln durchgeführt wurde und die – als Wanderausstellung konzipiert – in den nächsten Jahren durch verschiedene katholische und evangelische Kirchen Norddeutschlands reist.

Die Ausstellung bietet in drei großen Bereichen die Annäherung an die christliche Weihnachtsbotschaft. Zum Einstieg können die Besucher zunächst ihre Ausgangssituation vor dem Hintergrund des Adventsliedes »Maria durch ein Dornwald ging« und der Geschichte des »Mose vor dem brennenden Dornbusch« bedenken *(Bild 1)*.

1. Verheißungen:
Dieses Thema wird in drei Aspekten entfaltet:
- Wie Abraham Verheißungen empfangen *(Bild 2)*
- Wie die Sterndeuter der Sehnsucht trauen *(Bild 3)*
- Wie Jakob den Himmel offen sehen *(Bild 4)*

2. »3 + 4«:
Das Zahlenspiel »3 + 4« (3 als Zahl Gottes und 4 als Zahl des Universums) bringt in kürzester Form die theologische Aussage des Weihnachtsfestes zum Ausdruck, dass Gott und Mensch sich begegnen. Drei Themenschwerpunkte nähern sich diesem Gedanken:
- »Engel«: Boten der Sehnsucht nach einer anderen, tieferen Welt *(Bild 5)*
- »Menschen, die zur Krippe kommen« – eine Einladung an alle Menschen, sich wie die Hirten und die Sterndeuter der »Krippe« zu nähern *(Bild 6)*
- »3+4«: Weihnachten als Antwort auf die Frage: Wo begegnet mir Gott? *(Bild 7)*

3. »Im Herzen bewahren«
Ihren Glauben an die Erfahrbarkeit Gottes haben Menschen zu unterschiedlichen Zeiten unterschiedlich gelebt:
- Den Glauben »im Herzen bewahren« – Wie sieht dies in der christlichen Tradition, wie sieht das heute aus? *(Bild 8)*
- »Im Herzen bewahren – von Herzen schenken«: Der Lebensbaum-Weihnachtsbaum veranschaulicht: Selbst beschenkt, kann und darf ich weiterschenken. Leben heißt Geben und Nehmen *(Bild 9)*
- Unsere Sehnsucht nach der »anderen Welt« braucht sichtbare Zeichen in »dieser Welt«. Die Symbolik von Weihnachtsgebäck und Weihnachtsschmuck erfüllt diese Funktion *(Bild 10)*

Liebe Leserin, lieber Leser,

stellen Sie sich nun vor, Sie selbst stehen im Eingangsbereich einer Kirche. Vor sich sehen Sie diesen Eingangsbogen. Efeuumrankt und mit kleinen Lichtern geschmückt lädt er Sie ein, in die Weihnachtslandschaften einzutreten. Auf Sie wartet eine ganz andere, leise Welt mit Bildern und Geschichten, die zu Ihnen sprechen wollen. Nehmen Sie sich Zeit und begegnen Sie Ihrer persönlichen Weihnachtsbotschaft. Viele gute Anregungen und Gedanken wünschen Ihnen

Silvia Mustert
Irmi und Hans-Georg Spangenberger

Da haben die *Dornen Rosen* getragen

Was ist Ihre Ausgangssituation? Stehen Sie mit schmerzenden und belastenden oder mit sinnstiftenden Erfahrungen am Anfang des Advents? »Dornen« und »Rosen« sind Sinnbild für die beiden Pole menschlicher Erfahrung. Beide Symbole werden aufgegriffen in der Geschichte des Mose am brennenden Dornbusch und im Adventslied »Maria durch ein Dornwald ging«. In ihnen drückt sich die christliche Hoffnung aus, dass Gott in den »Dornen unseres Lebens« erscheint (vgl. Exodus/ 1. Mose 3,1–17: Mose am brennenden Dornbusch) und dass durch die Begegnung mit Gott die »Dornen Rosen tragen« können.

Welche Dornen, welche Rosen finden sich in Ihrem Leben?

Mose am brennenden Dornbusch

Mose führt ein Leben voller Gegensätze und Brüche, die er selbst oft kaum aushält. Als Kind lernt er zwei Welten kennen, die ägyptische und die hebräische. In beiden Welten ist er zu Hause, in beiden Welten wird gut für ihn gesorgt. Doch beide Welten sind nicht miteinander zu vereinbaren. Das begreift er, als er sieht, wie seine Freunde und Verwandten in der fremden Heimat Ägypten unterdrückt, ausgebeutet und geschlagen werden. Er kann es nicht ertragen, verliert die Kontrolle, schlägt zurück, erschlägt die Gegner. Was bleibt, ist die Flucht – aus Angst, selbst erschlagen zu werden.

Als Fremder unter Fremden findet er in Midian einen Platz, eine Frau und Arbeit als Schafhirte. Aber er bleibt fremd, er kann keine Wurzeln schlagen in diesem neuen Land. Sein Leben erscheint ihm leer wie die Wüste. Zu oft denkt er an seine Freunde und Verwandten, die ungerecht behandelt werden und denen er nicht helfen kann. All das schmerzt wie Dornen.

Eines Tages hütet Mose die Schafe seines Schwiegervaters. Er sieht einen Dornbusch, der brennt und doch nicht verbrennt. Mose tritt näher. Ihm ist, als hörte er eine Stimme, die aus den Dornen spricht: »Finde dich nicht ab mit deiner Einsamkeit, mit dem Gefühl der Sinnlosigkeit und Leere, mit Ungerechtigkeit und Abhängigkeit! Kämpfe dagegen an!« Mose sieht den Dornbusch. Noch immer brennt er und verbrennt doch nicht. Ihm ist, als sehe er Gott mitten in den Dornen, und als hörte er ihn sagen: »Ich habe dein Elend und das Leid deiner Freunde gesehen. Ich will euch helfen und brauche dich dazu!«

Mose kann es nicht glauben. Soll er eine Hoffnung verbreiten, an die keiner glaubt? Ist er nicht selbst innerlich wie Dorngestrüpp, in dem nichts mehr blüht? Ihm ist, als hörte er wieder die Stimme Gottes: »In den Dornen deines Lebens bin ich bei dir. In den Schmerzen deines Lebens lasse ich dich nicht allein. Mein Name ist JAHWE, das heißt ,Ich bin für dich da'!«

Marc Chagall, Brennender Dornbusch

Nach Exodus/2. Mose 2 und 3

Maria durch ein'n Dornwald ging

Die Hoffnung, dass Gott uns in den Dornen unseres Lebens nicht allein lässt, hat das Leben vieler Menschen geprägt. Sie haben aus diesem Glauben Kraft geschöpft, um gegen Ungerechtigkeit und Leid anzugehen. Und viele haben dabei erfahren, dass sich Leid wandelt, dass »Dornen« zu »Rosen« werden.
Das Adventslied »Maria durch ein Dornwald ging« aus dem 16. Jahrhundert drückt die Hoffnung aus, dass »Dornen Rosen tragen« können.

2. Was trug Maria unter ihrem Herzen? – Ein kleines Kindlein ohne Schmerzen, das trug Maria unter ihrem Herzen.
3. Da hab'n die Dornen Rosen getragen, als das Kindlein durch den Wald getrag'n, da hab'n die Dornen Rosen getrag'n.

Wie Dornen …

»… ein Lächeln, das niemand auffängt«

»… ein Blick, der sagt: Geh, zu uns gehörst du nicht.«

»… Tränen, vergossen in der Nacht, für jemanden, der nicht weiß, dass man existiert.«

»… Angst vor dem Versagen: Ich hab's versucht und bin gescheitert, ich weiß nicht, ob ich es schaffe.«

»… früher, als mein Vater sehr viel getrunken hat und zu Hause die Hölle los war.«

»… Terror, der Unschuldige trifft.«

»… Manchmal fühle ich mich so, als säße ich ganz allein auf einer einsamen Insel. Um mich herum ist das Meer, ohne Bedenken schwimmen die Päärchen in ihrem Meer der Liebe. Ich habe meine Kiemen verloren.«

»Meine erste schmerzvolle Erfahrung hatte ich mit 7 Jahren, als ein lieber Mensch, mit dem ich aufgewachsen war, starb. Ich wurde damals vor vollendete Tatsachen gestellt, war in dem Alter gar nicht in der Lage zu verstehen, dass er von nun an nicht mehr sein würde. Es tut heute noch weh, wenn ich Fotos anschaue und sein Grab besuche. Doch ich weiß, dass er stets um mich ist, denn er hatte mir mal versprochen, immer an meiner Seite zu sein.«

Wenn Dornen Rosen tragen …

»Ich war früher nicht gerade gesprächig, eher das schweigsame Mauerblümchen. Doch es kam zu der Zeit, dass ich die 10. Klasse wiederholt habe. Ich kam also in eine neue Klasse und kam mir total verloren vor, denn ich kannte keinen und hatte keinen Ansprechpartner. Aber nach einiger Zeit änderte sich das. Ich ging auf Menschen zu, ohne dass mein Kopf gleich rot wurde. Heute habe ich keine Probleme mehr und wenn ich darüber nachdenke, zeigt sich immer ein kleines Lächeln in meinem Gesicht …«

»Damals, als ich von meinem Vater weggegangen bin, tat es total weh. Und mit mir war wochenlang nichts los. Im Nachhinein kann ich sagen, dass ich jetzt viel glücklicher bin mit meiner Mutter, auch wenn es mit ihr derbe Krach gab. Ich komme mit meinem Vater jetzt auch viel besser klar.«

»Plötzlich auf sich allein gestellt, ins kalte Wasser geschubst und dann gelernt zu schwimmen. Ich habe es geschafft. Meine Welt sortiert…«

»Hätte ich damals nicht die enttäuschende Beziehung erlebt, wäre ich möglicherweise nicht mit meinem heutigen Freund zusammen gekommen, mit dem ich lernte, was wahre Liebe wirklich ist, und wie dieses Gefühl ist, nicht nur zu geben, sondern auch zu bekommen…«

Im *Anfang* war das *Staunen*

Bild 2

Am Anfang des Weges vieler Menschen in der Bibel steht die Zusage, dass das Leben nicht in Chaos und Abgrund enden, sondern gelingen wird. Verheißungen – Zusagen, dass alles gut wird – sind wie Sterne, die in der Nacht leuchten. Sterne leuchten dem Abraham auf seinem Weg ins »Gelobte Land« (Genesis/ 1. Mose 15,5); ein Stern begleitet in der Kindheitsgeschichte des Matthäus die Geburt Jesu (Matthäus 2,2).

Welcher Verheißungsstern begleitet Ihr Leben?

Sprechen die Sterne?

Vater
reden die Sterne
fragt das Kind
Während ich nachdenke
über die Frage
beginnt das Kind
mit den Sternen zu reden
und die Sterne
erzählen ihm herrliche
Geschichten

Nach Habib Bektas

Abraham auf dem Weg ins Gelobte Land

Eigentlich hat er alles: Einen guten Job, ein Haus, Geld, Familie, Freunde. Und trotzdem fühlt er sich oft leer. Manchmal glaubt er, sein Leben schläft ein.
Eines Tages hört er eine Stimme in sich, die sagt: »Geh fort! Verlasse deine Sicherheiten, geh in ein neues Land!«
Und er geht. Er macht sich auf den Weg, fort von Bekanntem und Vertrauten. Ins Ungewisse. Er verlässt die Menschen, denen er vertrauen kann und die er liebt. Er weiß nicht, wem er begegnen wird. Alles wird neu und unbekannt für ihn sein. Schwer wird es werden – wie ein Marsch durch die Wüste, wie das Besteigen eines gewaltigen Berges. Aber er bricht auf und geht seiner Sehnsucht nach.
Abraham heißt dieser Mann.
Abraham zieht durch fremde Länder, durch Wüsten, über Berge. Er wird ein alter Mann, aber das Land seiner Sehnsucht hat er immer noch nicht erreicht.
Er zweifelt, ob sein Weg der richtige gewesen ist.
Eines Abends, als er nachdenklich und zweifelnd in seinem Zelt sitzt, ist sie wieder da, die Stimme, die sagt: »Du wirst ins Land deiner Sehnsucht kommen. Tritt aus dem Zelt. Sieh zum Himmel und zu den Sternen. Sie sind ein Zeichen dafür, dass deine Sehnsucht sich erfüllt.«

Nach Genesis/1. Mose 12 und 15

Marc Chagall, Abraham und die drei Engel

Jesu Geburtsstern

Am Anfang des Weges vieler Menschen der Bibel steht die Zusage, dass das Leben nicht ins Leere läuft, sondern dass es gelingen wird. Solche Verheißungen sind wie Sterne, die in der Nacht leuchten.
Auch Menschen können für uns wie Sterne sein. Wir denken hier nicht an Stars, deren Stern schnell sinkt. Wir denken an die Menschen, die uns Mut zusprechen und uns Kraft geben, wenn es dunkel in unserem Leben ist. Ein Stern begleitet nicht nur die Geburt Jesu. Matthäus sagt, dass Jesus für uns *der* Stern ist.

Als Jesus zur Zeit des Königs Herodes
in Betlehem in Judäa geboren worden war,
kamen Sterndeuter aus dem Osten
nach Jerusalem und fragten:
Wo ist der neugeborene König der Juden?
Wir haben seinen Stern aufgehen sehen
und sind gekommen, um ihm zu huldigen.

Matthäus 2,1–3

Welche Verheißung Gottes leuchtet für Sie?

Dem *Stern* folgen

Bild 3

In den Sterndeutern der Kindheitsgeschichte Jesu nach Matthäus begegnen uns Menschen, die den Verheißungen trauen, den Aufbruch wagen und dem Stern folgen.
Verheißungen laufen ins Leere, wenn wir uns nicht aufmachen, dem Stern zu folgen
- mit der Sehnsucht nach »dem Mehr im Leben«
- im Einklang mit uns selbst
- in Verbundenheit mit denen, die vor uns waren, die mit uns den Weg gehen, und mit denen, die nach uns kommen.

Welchem Stern folgen Sie?
Wo sind Sie ganz Sie selbst?
Wem fühlen Sie sich verbunden?
Wo und wie gestalten Sie Welt mit?

Sieger Köder, Sternsucher

Die Sterndeuter

Als Jesus zur Zeit des Königs Herodes in Betlehem in Judäa geboren worden war, kamen Sterndeuter aus dem Osten nach Jerusalem und fragten: Wo ist der neugeborene König der Juden? Wir haben seinen Stern aufgehen sehen und sind gekommen, um ihm zu huldigen.

> Τοῦ δὲ Ἰησοῦ γεννηθέντος ἐν Βηθλέεμ τῆς Ἰουδαίας ἐν ἡμέραις Ἡρῴδου τοῦ βασιλέως, ἰδοὺ μάγοι ἀπὸ ἀνατολῶν παρεγένοντο εἰς Ἱεροσόλυμα 2 λέγοντες· ποῦ ἐστιν ὁ τεχθεὶς βασιλεὺς τῶν Ἰουδαίων; εἴδομεν γὰρ αὐτοῦ τὸν ἀστέρα ἐν τῇ ἀνατολῇ καὶ ἤλθομεν προσκυνῆσαι αὐτῷ.
>
> καὶ ἰδοὺ ὁ ἀστήρ, ὃν εἶδον ἐν τῇ ἀνατολῇ, προῆγεν αὐτούς, ἕως ἐλθὼν ⌜ἐστάθη ἐπάνω ⌜οὗ ἦν τὸ παιδίον⌝. 10 ἰδόντες δὲ τὸν ἀστέρα ἐχάρησαν χαρὰν μεγάλην σφόδρα. 11 καὶ ἐλθόντες εἰς τὴν οἰκίαν ⌜εἶδον τὸ παιδίον μετὰ Μαρίας τῆς μητρὸς αὐτοῦ, καὶ πεσόντες προσεκύνησαν αὐτῷ καὶ ἀνοίξαντες τοὺς θησαυροὺς αὐτῶν προσήνεγκαν αὐτῷ δῶρα, χρυσὸν καὶ λίβανον καὶ σμύρναν.

Griechischer Originaltext

Und der Stern, den sie hatten aufgehen sehen, zog vor ihnen her bis zu dem Ort, wo das Kind war; dort blieb er stehen. Als sie den Stern sahen, wurden sie von sehr großer Freude erfüllt. Sie gingen in das Haus und sahen das Kind und Maria, seine Mutter; da fielen sie nieder und huldigten ihm. Dann holten sie ihre Schätze hervor und brachten ihm Gold, Weihrauch und Myrrhe als Gaben dar.

Matthäus 2,1–2.9–11

Drei Bereiche unserer Seele

Die Sterndeuter sehen den Stern und machen sich auf. Nicht immer kennen sie den Weg. Da gibt es Stunden, in denen sie ihre Sehnsucht nicht weiterführt. So suchen sie Auskunft bei den Mächtigen und Gelehrten. Diese kennen den Weg. Doch sie brechen nicht auf, sie bleiben über ihren Schriften sitzen.
Die Sternsucher jedoch sperren ihre Sehnsucht und ihr Wissen nicht in sich ein. Sie lassen sich bewegen.

Die drei Sterndeuter könnten die drei Bereiche der Sinnsuche symbolisieren: Einheit mit Gott, mit der Welt und mit dem eigenen Ich. Nur die Hülle, der Mantel ist zu sehen, die Figuren selbst bleiben »leer«. Im Spiegel erkennen wir uns selbst.

Der erste Sternsucher
kreuzt die Hände über seiner Brust.
Er ist ganz bei sich und hört
auf die Stimme seines Herzens.

Der zweite Sternsucher
hebt die Hand und den Kopf nach oben.
Er erzählt von der Sehnsucht nach dem »Mehr«
im Leben.
Mit seiner Körperhaltung sagt er:
»Es muss im Leben mehr als alles geben!«

Der dritte Sternsucher
hält eine Landkarte in Händen.
Wenn die Sehnsucht nach den Sternen
nicht leere Illusion bleiben soll,
muss sie geerdet sein.
Mit seiner Haltung erinnert uns der dritte Sterndeuter daran,
Sterne auf die Erde, in den konkreten Alltag, zu holen.

Wie die Weisen
prüfen und abwägen
beobachten und berechnen

wie die Weisen
neugierig sein
und auf der Spur bleiben
auswählen und verwerfen

wie die Weisen
hören und entscheiden
aufbrechen und unterwegs sein

wie die Weisen
sich nicht irre machen lassen
umkehren und den Weg ändern

wie die Weisen
nach den Sternen greifen
und den Menschen finden

Kurt Wolff

Die Magier aus dem Osten – Die Legende von den »Heiligen Drei Königen«

In den Tagen vom 26. Dezember bis zum 6. Januar ziehen in vielen Städten und Dörfern der Bundesrepublik Kinder durch die Straßen, die sich kostümiert haben. Drei kleine Könige, oft begleitet von jugendlichen oder erwachsenen Betreuern. Einer der Könige ist mit Hilfe von Kakaopulver, seltener mit Schuhcreme, braun eingefärbt.
Diese Kinder praktizieren den alten Brauch des Dreikönigssingens. Der Erlös dieser Aktion kommt Kinderprojekten (meist in Ländern der Dritten Welt) zugute. Für die kleinen Königssänger und -sängerinnen fällt meist noch eine Tüte voll Süßigkeiten ab.

Wer waren eigentlich die »Heiligen Drei Könige«?
Das wissen wir nicht genau. Jedenfalls können wir mit Sicherheit sagen, dass es gar keine »Heiligen Drei Könige« gab. Im Matthäus-Evangelium ist nur von »Magiern« die Rede (Einheitsübersetzung: Sterndeuter). Die historische Wahrscheinlichkeit auch dieser Magier gilt heute jedoch als eher gering.
Diese Magier kamen aus dem Osten (Morgenland) und waren offenbar sternkundig. Ein Stern führte sie nach Betlehem.
Dort wollte Herodes sie benutzen, um den Aufenthaltsort des neugeborenen Königs der Juden auszuspähen. Die Magier fanden Jesus im Stall, brachten ihm Geschenke (Weihrauch, Gold und Myrrhe) und gingen in ihr Land zurück, ohne Herodes zu informieren. Soweit wird es im Matthäus-Evangelium berichtet.

Bedenkt man, dass Kepler und andere Astronomen die verschiedensten Überlegungen und Berechnungen für den Stern von Betlehem anstellten, könnte es immerhin sein, dass Sterndeuter ein besonderes Himmelsereignis beobachtet haben. Ob dies eine Konjunktion (Zusammentreffen) von Jupiter und Saturn, eine hell strahlende Supernova oder ein Komet war, bleibt offen.
Im Osten (Babylon) und im Südosten (Saba) Palästinas wurde tatsächlich der Sternenhimmel intensiv beobachtet.

Diese Magier aus dem Osten galten jedoch eher als zwielichtige Gestalten, und ihr Besuch bedeutete deshalb keineswegs eine königliche Auszeichnung für das Jesuskind.
Erst die spätere Legende machte Könige aus ihnen. Auch die Zahl drei ist im biblischen Text nicht erwähnt. Wahrscheinlich ist sie durch die drei Arten von Geschenken der Magier in das Brauchtum aufgenommen worden.
Ihre Namen erhielten die »Heiligen Drei Könige« erst spät: Nach »Appelius, Amerius, Damscus« setzten sich schließlich »Caspar, Melchior und Balthasar« durch.

Anfangs war keiner von ihnen schwarz. Auf einem Mosaik in Ravenna aus dem 6. Jahrhundert sind alle drei hellhäutig. Später wurde zunächst Caspar, dann aber Melchior zum »Mohr«, der gleichzeitig als Vornehmster der drei Könige galt.
Die »Heiligen Drei Könige« versinnbildlichten so auch die drei damals bekannten Kontinente Asien, Europa und Afrika.

Die Magier aus dem Osten sollten im Matthäus-Evangelium wohl etwas signalisieren: Dieses Kind, dessen Geburt im Stall stattfand, ist zu Besonderem ausersehen. Ausgerechnet Sterndeuter aus dem Osten erkennen das, während alle anerkannten staatlichen und religiösen Autoritäten dies völlig verkennen. Und dieser Jesus ist nicht nur für das Volk Israel als Erlöser und Befreier gekommen, sondern für die ganze Menschheit.

Wolfgang Christmann

Dem *Himmel* so nah

Bild 4

Weihnachten beinhaltet die Zusage, dass Gott sich den Menschen zuwendet und verstehbar macht. Bereits im alttestamentlichen Bild der Himmelsleiter wird die Bewegung von »oben nach unten« festgehalten.
Jakob ist am Ende. Er hat den Bruder um dessen Erbe betrogen, er ist auf der Flucht nicht nur vor seinem Bruder, auch vor sich selbst und vor seinen dunklen Seiten. Als er sich nachts schlafen legt, ist er nicht weich gebettet, er liegt auf einem harten Stein. In dieser Situation die Zusage Gottes:
»Ich bin mit dir, ich behüte dich, wohin du auch gehst ...« (Genesis/1. Mose 28,15)
Diese Zusage macht es Jakob möglich, seine Maskerade abzulegen. Er darf er selbst sein, sich selbst entdecken und annehmen mit all seinen Licht- und Schattenseiten. Und Jakob spürt: So muss der »Himmel« sein.

Wann ist der Himmel für Sie offen?

Wo können Sie Ihre Maske ablegen?

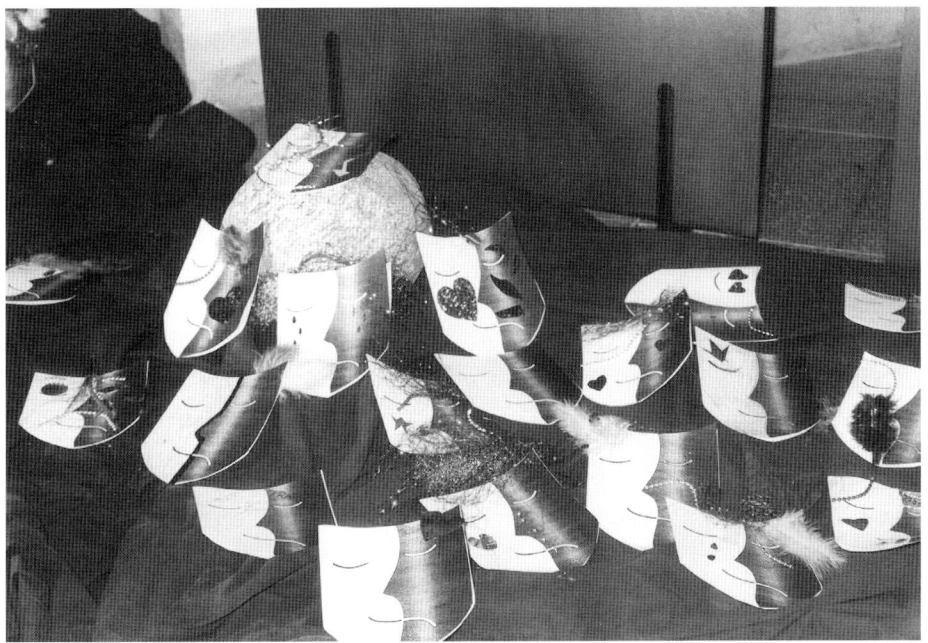

Maske

Ich tue vieles,
um mein schwaches Ich
zu verbergen.

Ich tue alles,
um meine Schwächen
zu überspielen.

Ich unterlasse nichts,
um etwas darzustellen,
was ich nicht bin.

Petrus Ceelen

Schülerinnen und Schüler beschäftigten sich mir ihrer eigenen »Maske«. Sie versuchten ihrer Maske einen »Namen« zu geben und sie näher zu charakterisieren. Hier einige Beispiele:

Der Partytyp
Ich bin oft sehr aufgedreht, suche aber auch oft die Stille. Oft bin ich nur so, um bei den anderen als der Partytyp zu gelten, der immer gut drauf ist. Ich will beliebt sein. Oft bin ich aber bei wirklich guten Freunden oder in der Familie ganz anders.

Der treue Arbeiter
Ich richte mich ganz nach den Wünschen meines Arbeitgebers, auch wenn diese nicht zu meinen Überzeugungen passen.

Der Freundliche
Diese Maske schützt andere vor den Wutausbrüchen meiner doch etwas stürmischen Natur. Oft hindert sie mich, nach meinen Gefühlen zu handeln.

Der Animateur
Neben der Schule arbeite ich als Tanzlehrer. Im Beruf als Tanzlehrer oder Animateur ist man immer gezwungen eine dicke Maske der guten Laune, der fröhlichen und rundum glücklichen Person zu tragen. In dieser Hinsicht ist die Maske das Kapital. Fehlt diese, kann die gute Laune nicht auf die Menschen übertragen werden.

Der Verkäufer
Der Verkäufer an der Tankstelle ist immer freundlich, hilfsbereit und hat immer Lust auf ein kurzes Gespräch. Wie es mir wirklich geht, interessiert nicht.

Jakobs Traum

Jakob versteht sich mit seiner Mutter blendend. Sein Zwillingsbruder Esau wird von seinem Vater bevorzugt. Zwischen den Brüdern hat es von Anfang an immer wieder Streit um die Liebe der Eltern gegeben. Hinzu kommt, dass Esau wenige Minuten vor Jakob geboren ist. Das bedeutet: Esau wird alles erben, und Jakob wird leer ausgehen. Mit List und Tücke gelingt es Jakob, seinem Bruder das Erbe abzujagen.
Als Esau merkt, was passiert ist, kann er es nicht fassen. Voller Zorn schwört er Rache. Jakob flieht vor der Wut seines Bruders.

Marc Chagall, Jakobs Traum

Nun ist Jakob allein. Je länger er unterwegs ist, desto mehr merkt er: Er flieht nicht nur vor seinem Bruder, er flieht auch vor sich selbst, vor seinen dunklen Seiten, die er mit Hilfe seiner Mutter immer so gut getarnt hat. Und ihm wird klar: »Ich bin zu allem fähig, wenn es darum geht, meinen eigenen Vorteil herauszuschlagen! Ich bin ein hinterhältiger Betrüger!«

Er sieht zum ersten Mal, wie er ist. Und er schämt sich. Wie kann er sich selbst je wieder ernstnehmen? Wie anderen je wieder ins Gesicht sehen?
Er verbringt die Nacht unter freiem Himmel. Er ist nicht weich gebettet, sein Kopf liegt auf einem harten Stein. Er träumt.
Im Traum sieht er eine Leiter, die bis in den Himmel reicht. Auf ihr steigen Engel auf und nieder. Und oben steht Gott und spricht: »*Ich bin mit dir, ich behüte dich, wohin du auch gehst, und bringe dich zurück in dieses Land. Denn ich verlasse dich nicht, bis ich vollbringe, was ich dir versprochen habe.*« (Genesis/1. Mose 28,15)
Kann das wirklich sein? Gott kommt auf Jakob, den Betrüger, zu, auf den, der nichts vorzuweisen hat außer List, Lüge und Selbstbetrug? Gott ist an seiner Seite,

ohne Forderungen zu stellen – genau in dem Moment, als er sich selbst am wenigsten leiden kann!

Und Jakob spürt: So muss »der Himmel« sein. Der »Himmel ist offen«, wenn ich angenommen werde so wie ich bin, mit meinen Licht- und Schattenseiten. Dann kann ich meine Maskerade ablegen. Ich darf ICH sein, mich selbst entdecken hinter meinem Bemühen um eine makellose Fassade. Mir wird gesagt: Mit deinen Licht- und Schattenseiten bist du für Gott wertvoll.

Nach Genesis/
1. Mose 25, 27
und 28

Bild 4: Dem Himmel so nah

in der Perspektive des Himmels
und: zum ganz anderen
zum anderen
und über mich hinaus
zu mir selbst
mich zu führen
Schritt für Schritt
Sprosse für Sprosse
sich anbietet und bereitsteht
die immer wieder neu
die mich hebt und hält
eine Leiter
Manchmal spüre ich

Perspektive des Himmels
in die freie, weite
hinauf und hinaus
Schritt für Schritt
Sprosse für Sprosse

aus Not und Bedrängnis
aus Engen und Ängsten

herauszufinden
damit ich anderen eine Hilfe sein kann
eine Leiter
Manchmal wäre ich gern

die Perspektive des Himmels
Weitwinkel
einen neuen Horizont erschließt:

die mir Aussicht, Weitsicht, Übersicht,
mit der ich über Mauern schauen kann

eine Hilfe
Schritt für Schritt

Sprosse für Sprosse
die mich nach oben bringt

eine Leiter
Manchmal hätte ich gern

Eine Leiter *Klaus Jäkel*

Engel **spuren**

Engel haben Hochkonjunktur. In der Vorweihnachtszeit schweben sie in den Schaufenstern der Stadt, lächeln sie uns bunt-barock von Geschenkpapier und Weihnachtskarten entgegen. Die Regale der Buchläden sind gefüllt mit Büchern über Engel und selbst die Filmbranche nimmt sich der himmlischen Wesen an. Weshalb diese »Engelsrenaissance«? Dass Engel auch heute so gefragt sind, kann ein Hinweis darauf sein, dass wir die alte Wahrheit aller Religionen ahnen: Leben ist mehr als das, was wir sehen.

Engel versinnbildlichen den Wunsch, Gott möge doch in unserer Welt erfahrbar sein. Sie sind die leibhaftig gewordene Sehnsucht, dass Gott in unser Leben einbrechen möge an den Bruchstellen unserer Biografie, aber auch in die Banalität des Alltags.

Engel geben der Hoffnung Ausdruck, dass in den Momenten unseres Lebens, in denen wir loslassen müssen, unsere Hände dennoch nicht leer bleiben.

Wer ist Ihnen Engel?

Marc Chagall, Engel

Engelspuren in meinem Leben

Engel spielen in der Weihnachtsgeschichte eine große Rolle. Der Engel Gabriel sagt Maria, dass sie ein Kind bekommen wird. Den Hirten auf dem Feld wird die Geburt Jesu durch einen Engel verkündet. Und Engel stimmen das weihnachtliche »Ehre sei Gott in der Höhe und Friede den Menschen auf Erden« an. Ein Engel begegnet Josef im Traum und erklärt ihm, was geschehen ist, und wie er sich verhalten soll.

Engel (griechisch: angelos = Bote) sind Boten. Sie überbringen uns Botschaften aus einer anderen, tieferen Welt. Engel sind Bilder einer bleibenden Sehnsucht nach Hilfe und Heilung, die nicht aus uns selber kommt. Sie sind Bilder unserer Sehnsucht nach Geborgenheit, nach Leichtigkeit, nach Lebendigkeit und Liebe. Und sie sind der Ausdruck einer Hoffnung, dass unser Leben nicht ins Leere läuft, sondern glücken kann und Sinn hat. *(Nach Anselm Grün)*

> Erst nach und nach begann ich zu ahnen, dass meine Frage nach den Engeln eine Frage nach konkreten Lebenserfahrungen war. Fragen nach Lebenserfahrungen kann man aber nicht mit einem klaren »Ja« oder »Nein« beantworten, Lebenserfahrungen muss man erzählen.

Jörg Vins

Es müssen nicht Männer mit Flügeln sein

Es müssen nicht Männer mit Flügeln sein,
die Engel.
Sie gehen leise, sie müssen nicht schrein,
oft sind sie alt und hässlich und klein,
die Engel.

Sie haben kein Schwert, kein weißes Gewand,
die Engel.
Vielleicht ist einer, der gibt dir die Hand,
oder er wohnt neben dir, Wand an Wand,
der Engel.

Dem Hungernden hat er das Brot gebracht,
der Engel.
Dem Kranken hat er das Bett gemacht,
und er hört, wenn du ihn rufst, in der Nacht,
der Engel.

Er steht im Weg und er sagt: Nein,
der Engel.
Groß wie ein Pfahl und hart wie ein Stein
es müssen nicht Männer mit Flügeln sein,
die Engel.

Rudolf Otto Wiemer

In jedem Leben sind Engelspuren zu entdecken. Gehen Sie Ihren Engelspuren einen Augenblick nach oder schreiben Sie einen Brief an Ihren Engel.

Der Engel, der mit mir weint

In der Krypta der Stiftskirche zu Fischbeck sitzt auf dem Fenstersims ein kleiner Engel, der weint. Ursprünglich saß er auf einem Kindersarg der Familie der Grafen Schaumburg. Der weinende Engel verweist auf die Erfahrungen des Verlustes, auf das Unvollendete und Zerbrochene im Leben.

Zum Beispiel in jener Erfahrung eines Vaters, der zwei Kinder verlor.
Der Hannoveraner Medizinprofessor Eckhard Nagel (42) ist Chef des Augsburger Transplantationszentrums und Direktor des Instituts für Medizinmanagement und Gesundheitswissenschaften an der Universität Bayreuth. Er ist Kuratoriumsvorsitzender der Hanns-Lilje-Stiftung, engagiert sich in dieser Funktion für Projekte mit jungen Leuten und für eine intensive Auseinandersetzung mit christlichen Werten. In einem Gespräch über seinen Werdegang, seine Ziele, über wichtige Erfahrungen seines Lebens und über seinen Glauben wird er auf den Verlust seiner Kinder angesprochen:

■ *Sie haben in Ihrer Ehe zwei kleine Kinder verloren. Hat Ihnen Ihr Glaube da Halt gegeben?*

■ *Mit dem Halt ist das so eine Sache. Es war eine schwere Kränkung, dass in meinem Gefühl Gott nicht auf mich aufgepasst hatte. Zuerst habe ich es mit einem Handel versucht: diesen Schicksalsschlag nehme ich in Kauf, ich weiß aber, dass Gott es gut mit mir meint und so etwas nicht noch einmal zulassen wird. Aber als es wieder passierte, hatte ich das Gefühl, dass ich wirklich nicht mehr aufgehoben bin: Wie kann das sein, macht der da oben nichts? Diesen Schock kann man nur in seiner ganzen Tiefe angehen, ihm wirklich nachspüren und anfühlen, wenn man geleitet und begleitet wird. Irgendwann habe ich dann erfahren, dass es neben dem Schmerz auch noch das Gute unverändert gibt und beides zum Leben gehört. Und dass Gott mit mir gemeinsam trauert. Das war für mich der Weg, mein Leben wieder zu öffnen.*

Der Engel, der das Schreien hört

Sara sieht sie miteinander spielen: Ihren eigenen Sohn und den Sohn der Hagar, der auch der Sohn ihres Mannes ist.
Vor Jahren, da war sie glücklich, als Hagar, ihre Bedienstete, schwanger wurde von ihrem Mann. »Lieber ein Kind von einer Leihmutter als gar kein Kind!«, so hatte sie sich damals gedacht, als sie selbst keine Kinder bekommen konnte. Und so hatte sie Hagar zu Abraham, ihren Mann, geschickt, damit sie miteinander schliefen. Und wirklich – Hagar wurde schwanger und brachte Ismael zu Welt.
In der folgenden Zeit hatte Hagar ihr immer wieder gezeigt, dass sie die Mutter von Abrahams Sohn war. Wie hatte Sara unter Hagars Arroganz gelitten! Wie hatte sie sich nach einem Kind gesehnt!
Und Gott hatte Mitleid mit ihr. Auch sie wurde schwanger. Auch sie gebar einen Sohn.
Und nun spielen beide Söhne des Abraham miteinander. Das harmlose Kinderspiel, das ausgelassene Lachen – sie kann es nicht ertragen, ebenso wenig wie Hagar an der Seite ihres Mannes. Hagar muss weg, weg aus ihrem Leben – ab in die Wüste.
Sara setzt ihren Mann Abraham unter Druck. Sie oder ich. Und Abraham entscheidet sich für die Ehefrau und schickt Hagar mit ihrem Sohn Ismael in die Wüste, in den sicheren Tod. Es tut ihm zwar Leid, doch die »Umstände« zwingen ihn dazu.
Ein Leben in der Wüste – das bedeutet für Hagar: leben ohne Wasser, ohne Zukunft, den Tod vor Augen. Hagar fühlt sich benutzt, leer, ohne Hoffnung.
Mit dem eigenen Tod kann sie sich abfinden, doch das Sterben ihres Kindes kann sie nicht mit ansehen. Verzweifelt legt sie Ismael weit weg unter einen Dornenstrauch, um sein Schreien nicht zu hören. Hagar, die benutzte und verstoßene Frau ...

Doch dann fragt sie ein Engel: »Was hast du, Hagar? Ist nicht der Name deines Sohnes ‚Ismael', das heißt ‚Gott hört'?«
Gott hört das Schreien des Kindes. Gott verlässt die Frau nicht, die verlassen wurde. Er teilt ihre Einsamkeit, gibt ihr Mut und Kraft, um für sich und ihr Kind zu sorgen.
Hagar entdeckt eine Quelle in der Wüste, die sie und ihren Sohn leben lässt inmitten einer lebensfeindlichen Umgebung. Sie geht dorthin, schöpft Wasser und gibt Ismael zu trinken.
Hagar und Ismael lernen in der Wüste zu leben.

Nach Genesis/1. Mose 21,9–21

Auch in unserem Leben gibt es Situationen, in denen wir uns »Engel« wünschen, die uns Begeisterungsfähigkeit in Phasen der Lethargie, Mut in Momenten des Abschieds und Trost in der Traurigkeit zusprechen:

Der Engel der Begeisterung

Ich wünsche Dir, dass Dich der Engel der Begeisterung befähigen möge, Dich zu begeistern, Dich ergreifen zu lassen von dem, was Dir begegnet, was Du erlebst, was Du bist. Und ich wünsche Dir, dass Du andere begeistern kannst, dass Du sie mitreißen kannst für eine Idee, für ein Projekt, dass Du sie beleben kannst, mit Geist zu erfüllen vermagst. Dann wird der Engel der Begeisterung Dir Lust am Leben schenken und Dich selbst zu einem Engel der Begeisterung verwandeln für die Menschen, denen Du begegnest.

Anselm Grün

Der Engel des Abschieds

Der Engel des Abschieds möge Dir helfen, Dich von alten Lebensmustern zu verabschieden, mit denen Du Dir das Leben schwer machst, etwa von dem Muster des Perfektionismus, der Dich zwingt, alles zu kontrollieren, oder von dem Muster der Selbstverletzung, das Dich dazu treibt, die Schuld immer bei Dir zu suchen oder Dich zu entwerten.

Anselm Grün

Der Engel des Trostes

Ich wünsche Dir, dass Dich in Deiner Trauer auch ein Engel tröstet, dass er Dir wieder Standfestigkeit verleiht, wenn Du ins Wanken geraten bist, dass er Dir gut zuredet, dass er gute Worte zu Dir spricht, wenn Du vor Schmerz sprachlos geworden bist, dass er Dich in Deiner Einsamkeit besucht und Dir das Gefühl vermittelt, dass Du nicht mehr allein bist, dass da ein Engel an Deiner Seite steht, der alle Wege mit Dir geht. Wenn Du um den Engel des Trostes weißt, dann kannst Du Dich getrost Deiner Trauer stellen, dann musst Du sie nicht überspringen. Die getröstete Trauer wird Dich nicht mehr lähmen, sondern Dich tief in das Geheimnis Deines eigenen Seins führen und in das Geheimnis Jesu Christi, der herabgestiegen ist in unsere Trauer als der »Trost der ganzen Welt«.

Anselm Grün

Bild 6

Menschen, die zur Krippe kommen

„Kommt, wir gehen nach Betlehem, um das Ereignis zu sehen!"
Unterschiedliche Menschen können sich der Krippe nähern, symbolisiert durch die Hirten und die Weisen. Jeder findet seinen Platz und seine Aufgabe. Psychologisch gesehen, versinnbildlichen die Gaben der Hirten und Weisen die unterschiedlichen Aspekte menschlicher Existenz. An der Krippe hat der Mensch mit all den bitteren Erfahrungen seines Lebens (vgl. Myrrhe), in all seiner Armseligkeit (vgl. Schaffell), aber auch mit seinem Reichtum (vgl. Gold) Platz.

Was bringen Sie an die Krippe?

Bild 6: Menschen, die zur Krippe kommen

Im Lukasevangelium sind die Hirten die ersten Zeugen der Geburt Jesu. In der jüdischen Umwelt des Neuen Testamentes galten die Hirten als arme Schlucker, als Betrüger.

Wenn im Lukasevangelium gerade den verachteten Hirten als erstes die Geburt Jesu verkündet wird, so soll damit ausgedrückt werden, dass Jesus gerade für die Armen gekommen ist.
Die Hirten können mit leeren Händen zur Krippe kommen. Sie brauchen keine Gaben, keine Leistung, um das Kind zu beschenken. Die leeren Hände genügen.
(*Anselm Grün, Weihnachten*)

Doch auch Reiche kommen an die Krippe: Die Sterndeuter schenken Jesus Gold, Weihrauch und Myrrhe.

> *GOLD* hat auf die Menschen schon immer eine Faszination ausgeübt. Gold gebührte früher den Königen und Göttern. Das Gold der Weisen soll zum einen darauf hinweisen, dass Jesus von Gott kommt, es soll aber auch den inneren Reichtum der Menschen symbolisieren. Matthäus will durch die Gabe des Goldes sagen, dass wir mit all dem Reichtum unserer Seele an der Krippe Platz haben.

> In vielen Kulturen wurde und wird *WEIHRAUCH* als Duftmittel verwendet. Weihrauch wird aus dem Harz von Bäumen gewonnen und verbreitet beim Verbrennen einen angenehmen Geruch. Gerade in Gesellschaften, in denen die hygienischen Bedingungen nicht ausreichend waren, konnten durch Weihrauch Wohlgerüche erzeugt und damit unangenehme Gerüche vertrieben werden. Der zum Himmel aufsteigende Weihrauch ist aber auch ein Bild für die Sehnsucht des Menschen.

> Die *MYRRHE*, ein Bitterkraut, war für die Alten ein Heilmittel. Man brauchte sie für die Herstellung von Salben. Myrrhe heilte die Wunden, aber auch Tote wurden mit Myrrhe gesalbt. Im Geschenk der Myrrhe bringen die Sterndeuter Jesus all das, was in ihrem Leben schmerzt und bitter ist.

An der Krippe hat der Mensch mit all den bittern Erfahrungen seines Lebens (Myrrhe) Platz, mit seinem Reichtum (Gold), mit seiner Sehnsucht (Weihrauch).
Ich darf an die Krippe kommen, dankbar für die Fähigkeiten, die mir geschenkt wurden, fähig, meine Grenzen anzunehmen und Hoffnung zu leben.

stop – *look* – listen

Bild 7

Im siebten Bild steht bewusst die Krippe im Mittelpunkt, symbolisiert doch die Zahl 7 die Begegnung von Himmel und Erde (3 = göttliche Zahl; 4 = Zahl der Erde; 3 + 4 = 7 = wo Himmel und Erde sich begegnen). Weihnachten ist wesentlich eine Antwort auf die Frage: Wo begegnet mir Gott?

Die Weihnachtsevangelien erzählen, dass Gott dem Menschen nicht in Gottgestalt begegnet, sondern in dem armen Kind Jesus in der Krippe.

Begegnung mit Gott geschieht in der Tiefe: im Innehalten (*STOP*), im Staunen (*LOOK*), in der Stille und im Hören (*LISTEN*), in der Niedrigkeit. Das Bild von Gerd Winner visualisiert diesen Gedanken.

Wo ahnen Sie in Ihrem Leben etwas vom Geheimnis Gottes?

Ich suchte meinen Gott,
und er entzog sich mir,
Ich suchte meine Seele,
und ich fand sie nicht,
Ich suchte meinen Bruder,
und ich fand
sie alle drei.

Aus einem sibirischen Lager

Gott »vor dem Himmel« sprechen

Weihnachten, das heißt auch: der Mensch begegnet Gott in den Menschen. Der holländische Liedermacher Herman van Veen hat dies so ausgedrückt:

Gestern habe ich das Haus gesehen
genauso wie ich es erfunden hab
mit roten Dachpfannen
Butzenscheiben
und grünen Fensterläden
unmittelbar hinter den
sechzehn Pappeln am Deich.

Mein Herz stand still
und ich ertrank beinah
in Gänsehaut.
Schrecklich nervös
ging ich zur Tür
auf dem Namensschild stand:
G punkt ott
das war die Chance
meines Lebens.
Gott vor dem Himmel zu sprechen
ich hatte tausend Fragen
und nahm mir vor, mit etwas ganz
Einfachen zu beginnen
nicht sofort mein Pulver
zu verschießen
mit einer Frage
warum sind in deinem Namen
und dem des Vaterlandes soviel Kriege
geführt und soviel Menschen
geopfert worden
das könnte ihn
vielleicht abschrecken.
Ich überlegte eine ganz ganz
höfliche Frage
mit der ich beginnen würde:

Grüß Gott
Haben Sie auch was mit dem Lotto zu tun?

Ich stellte mir vor, dass er dann lachen
und sagen würde:
Nein, Hermannus Jantinus
dein Schicksal liegt in deiner Hand
oder so was Ähnliches
in jedem Fall etwas sehr Tiefsinniges.
Ich blieb nervös
holte tief Luft
und klopfte an die Tür.
Ein kleines
liebes
altes Frauchen öffnete.
»Guten Tag
ist Gott zu Hause?«
»Du sprichst mit ihm, junger Mann!«

Herman van Veen

3 + 4

In der religiösen Tradition haben Zahlen keine mathematische, wohl aber eine symbolische Bedeutung. Die Zahl SIEBEN ist die Heilige Zahl, die aus DREI und VIER zusammengesetzt ist.
Die DREI ist die Zahl der Vollkommenheit und der Vollendung und damit Symbol Gottes. (Dreimal wird dem Täufling am Anfang seines Lebens das Taufwasser über den Kopf gegossen, und dreimal wird am Ende des Lebens ein Häufchen Erde in das Grab geworfen. Mit diesen Gesten soll ausgedrückt werden, dass der Mensch von Gott kommt und zu Gott geht.)
Die VIER ist dagegen die traditionelle Zahl des irdischen Universums. Es gibt vier Elemente (Feuer, Wasser, Erde, Luft), vier Jahreszeiten, vier Himmelsrichtungen, vier Temperamente des Menschen (Sanguiniker, Phlegmatiker, Choleriker, Melancholiker).

Die Zahl SIEBEN (7 = 3 + 4) versinnbildlicht den Glauben, dass Gott und Mensch sich begegnen können. Dieser Glaube findet seinen Ausdruck im Weihnachtsfest. Weihnachten erzählt nicht eigentlich die Geschichte vom Anfang des Lebens Jesu. Weihnachten ist wesentlich eine Antwort auf die Frage: Wo begegnet mir Gott? Wie kann ich Gott erfahren?

Die Weihnachtsevangelien erzählen, dass Gott dem Menschen nicht in Gottgestalt begegnet, sondern in dem armen Kind Jesus in der Krippe.
Zweimal nennt der Evangelist Lukas in seiner Erzählung von der Geburt Jesu die Futterkrippe. Maria »wickelte ihn in Windeln und legte ihn in eine Krippe, weil in der Herberge kein Platz für sie war« (Lukas 2,7).
In Betlehem gab es Häuser, die über einer Höhle erbaut waren. Die Höhle diente der Unterbringung des Viehs. Dort waren Steintröge und Krippen in den Felsen gehauen. Das griechische Wort für *Herberge = katalyma* meint wohl den Raum über der Höhle. Weil in diesem Raum kein Platz für das neugeborene Kind war, blieb nur der Stall mit der Futterkrippe. Sie ist ein Bild für die Armut, in der Gott dem Menschen begegnet.
Zweimal (Lukas 2,7.12) erwähnt Lukas auch, dass das Kind in Windeln gewickelt wurde. Offensichtlich ist das Ausdruck davon, dass Jesus ein wirkliches, ganz normales Kind ist und kein Wunderkind. *(Nach Anselm Grün)*

Stop – Look – Listen – Main Line

Das Bild »Stop – Look – Listen – Main Line« von Gerd Winner wirkt eher wie ein Schild als ein Bild im gewohnten Sinne. Tatsächlich ist der Ausgangspunkt dieses Bildes das Foto eines Schildes, das irgendwo in der Welt steht. Es hat an seinem Ort nichts mit Kirche zu tun, sondern mit der Eisenbahn. In Kanada steht es, genauer in Saskatchewan, auf dem Gelände eines Stahl- und Hüttenwerkes. Über das Werksgelände führt die Ost-West-Verbindung Kanadas, die Canadian-Pacific-Eisenbahn. Dort, wo Werksstraßen die Trasse der Canadian-Pacific überqueren, hat der Werkschutz Warnschilder aufgestellt, solide in Einzelarbeit zusammengeschweißt und von Hand angemalt.

Die Sprache des Schildes ist knapp und deutlich:

STOP – LOOK – LISTEN – MAIN LINE
Es gibt kaum eine knappere und präzisere Zusammenfassung dessen, worum es in der Advents- und Weihnachtszeit geht:

STOP	Komm zur Ruhe, halt ein!
	Lass dich von deinen Gedanken einholen!
	Lauf nicht weg vor dem Augenblick, vor dir!
LOOK	Und wenn du zur Ruhe gekommen bist,
	dann sieh dich um.
	Schau dir dein Leben an und das der Menschen.
	Vielleicht merkst du, dass du sehend blind warst.
	Lass dir helfen beim Sehen durch den,
	zu dessen Kreuz du aufschaust.
LISTEN	Höre auf die Sprache in den Dingen,
	in dir selbst,
	in den Ereignissen, im Schweigen.
	Vielleicht merkst du, dass du viel öfter
	angesprochen bist, als dir bewusst ist.
	Die Schweigsamkeit Gottes
	kann an deiner Taubheit liegen.
	Man braucht eine Zeit, um Hören zu lernen,
	um hellhörig zu werden.
MAIN-LINE	Bei all dem geht es um die Hauptstrecke,
	um das, worauf es ankommt,
	um die Frage, wo es lang geht,
	um die große Linie für mein Leben,
	um den Weg, der Zukunft hat.
	Es geht um Gott und die Welt und
	– um mich auch.

Peter Herbst

Die christliche Weihnachtsbotschaft –
Was sagen die Evangelien über die Geburt Jesu?

Fragt man nach dem Kern des christlichen Weihnachtsfestes, abgesehen von der Entwicklung des weihnachtlichen Brauchtums, so landet man natürlich bei den Weihnachtstexten des Neuen Testamentes.

Über die Geburt Jesu wird im ältesten uns vorliegenden Evangelium, dem Markus-Evangelium, überhaupt nichts berichtet. Markus beginnt mit der Taufe Jesu durch Johannes.

Erst die späteren Evangelisten Matthäus und Lukas sowie der noch spätere Evangelist Johannes erwähnen die Geburt Jesu. Sie tun dies jeweils mit einer spezifischen Aussageabsicht.

Der Evangelist Matthäus richtet sich vor allem an die Juden. Für ihn ist es wichtig hervorzuheben, dass Jesus der wahre Messias ist, den das Volk Israel schon lange erwartet. Deshalb bekommt im Matthäus-Evangelium die Erfüllung der alttestamentlichen Verheißungen eine besondere Bedeutung. Der Bericht von der Jungfrauengeburt soll vor allem zeigen, dass Gott seine Hand im Spiel hat, dass Jesus der Messias, der von Gott Gesandte, ist.

Die Erwähnung der Magier aus dem Morgenland soll verdeutlichen, dass Jesus auch von der nichtjüdischen Welt als Messias, als König und Erlöser anerkannt wird.

Große Bedeutung hat für Matthäus auch der Stammbaum Jesu. In ihm wird der Nachweis versucht, dass Jesus ein direkter Nachkomme Davids und damit ein legitimer Nachfolger auf seinem Königsthron als »König der Juden« ist. Die Messias-Erwartung der Juden war ja eng verknüpft mit der Hoffnung auf Wiedererrichtung des jüdischen Königtums.

Der Evangelist Lukas wendet sich vor allem an griechisch-römische Leser. Das römische Reich und der gesamte Mittelmeerraum waren zur Zeit Jesu von der griechischen Kultur geprägt. Lukas greift die Form der Historienbeschreibung, wie sie bei den Griechen bekannt war, auf und zugleich die eher lateinische Form der Biografie. Sein Evangelium bemüht sich daher, so etwas wie eine Biografie Jesu darzustellen. So ist es nur logisch, mit dem Geburtsgeschehen zu beginnen, wobei auf Bezüge zur weltlichen Geschichte Wert gelegt wird. Die Erwähnung von Augustus und Herodes bei Lukas will deutlich machen, dass Jesus tatsächlich in die irdische Real-Welt eingetreten ist.

Die Beschreibung der Geburt Jesu bei Lukas zeigt auch, wie Jesus zur Welt kam: in sehr einfachen, armen Verhältnissen. Selbst die Windeln für das Kind werden erwähnt. Der »holde Knabe im lockigen Haar« ist eine Ausschmückung und Romantisierung aus sehr viel späterer Zeit. Im biblischen Text finden sich solche Süßlichkeiten jedenfalls nicht. Die Engelchöre machen deutlich, dass dieser Jesus,

und die mit ihm anbrechende Heils- und Friedenszeit, nicht etwa eine innerweltliche Leistung, sondern ein Eingriff Gottes in die Geschichte ist.
Dass dieser Beginn einer neuen Heilszeit den Mächtigen der Erde nicht ins Konzept passt, zeigt die Erzählung von Herodes, der Jesus, mit dem das Gottesreich anbrechen soll, nach dem Leben trachtet.

Johannes, dessen ganzes Evangelium sich deutlich von den anderen drei Evangelisten abhebt, schreibt hauptsächlich für gebildete Griechen. Für ihn ist die Geburt Jesu die Fleischwerdung des Wortes, also der Eintritt des göttlichen Geistes in diese Welt. In seinem Prolog wird der »Logos« (Wort, Geist) gepriesen, der in diese Welt gekommen ist, in Jesus.
Wer Jesus annimmt, nimmt teil an der neuen Heilsordnung Gottes. Wer Gottes Heils-Angebot ablehnt, verfällt den irdischen Mächten. Diese Sicht entspricht der bei den Griechen verbreiteten Teilung der Weil in Gut und Böse, Geist und Körper usw. (Dualismus).

Der gemeinsame Grundgedanke aller drei Evangelien lässt sich so formulieren: Die Welt ist unheil. Sie bedarf der Befreiung, der Erlösung.
Mit der Geburt Jesu bricht eine neue Heilszeit an. Dieser Anbruch des Gottesreiches ist jedoch nicht etwa auf menschliche Leistung (Erfüllung von Geboten, religiöse Übungen), sondern allein auf die Gnade Gottes zurückzuführen, der seinen Sohn der Welt geschenkt hat.

Wolfgang Christmann

Bild 8

»Im *Herzen* bewahren«

Das Weihnachtsgeschehen ist eingebunden in die Verheißungsgeschichte des Ersten, des Alten Testamentes. Dies wird im Stammbaum Jesu, den Matthäus seinem Evangelium voranstellt, deutlich. In diesem Stammbaum fallen besonders vier ungewöhnliche Frauen auf: Thamar, Rahab, Ruth, Batseba.
Maria reiht sich einerseits in diesen Stammbaum voll ungewöhnlicher Frauen ein, andererseits wird mit ihr als »Jungfrau« aber auch eine Zäsur gesetzt und ein Neuanfang signalisiert.
Nachdem die Hirten die Krippe verlassen haben, heißt es bei Lukas: »Maria aber bewahrte alles, was geschehen war, in ihrem Herzen.« (Lukas 2,19)
Was bleibt in uns erhalten von der Begegnung mit Gott, von Weihnachten?

Was bewahren Sie in Ihrem Herzen, wenn der Alltag wieder einkehrt?

Ein Stammbaum

... erzählt einen Teil unserer Geschichte. Wer waren unsere Eltern, unsere Großeltern, unsere Urgroßeltern ...? Wie waren sie? Was haben sie erlebt? Was hat sie geprägt? Was sagt das über mich aus?

Auch Jesus hatte einen Stammbaum. Er steht im Neuen Testament im 1. Kapitel des Matthäus-Evangeliums. Dieser Stammbaum reicht weit zurück in das Alte Testament und ist alles andere als »lupenrein«.

> *Stammbaum Jesu Christi, des Sohnes Davids, des Sohnes Abrahams:*
> *Abraham war der Vater von Isaak, Isaak von Jakob, Jakob von Juda und seinen Brüdern.*
> *Juda war der Vater von Perez und Serach; ihre Mutter war Tamar. Perez war der Vater von Hezron, Hezron von Aram, Aram von Amminadab, Amminadab von Nachschon, Nachschon von Salmon.*
> *Salmon war der Vater von Boas; dessen Mutter war Rahab. Boas war der Vater von Obed; dessen Mutter war Rut. Obed war der Vater von Isai, Isai der Vater des Königs David. David war der Vater von Salomo, dessen Mutter die Frau des Urija war.*
> *Salomo war der Vater von Rehabeam, Rehabeam von Abija, Abija von Asa, Asa von Joschafat, Joschafat von Joram, Joram von Usija, Usija war der Vater von Jotam, Jotam von Ahas, Ahas von Hiskija, Hiskija von Manasse, Manasse von Amos, Amos von Joschija.*
> *Joschija war der Vater von Jojachin und seinen Brüdern; das war zur Zeit der Babylonischen Gefangenschaft.*
> *Nach der Babylonischen Gefangenschaft war Jojachin der Vater von Schealtiël, Schealtiël von Serubbabel, Serubbabel von Abihud, Abihud von Eljakim, Eljakim von Azor, Azor war der Vater von Zadok, Zadok von Achim, Achim von Eliud, Eliud von Eleasar, Eleasar von Mattan, Mattan von Jakob.*
> *Jakob war der Vater von Josef, dem Mann Marias; von ihr wurde Jesus geboren, der der Christus (der Messias) genannt wird.*

Hinter den vielen Namen stehen zum Teil höchst gewagte Lebensgeschichten, nicht nur von Männern, sondern auch von vier Frauen: Tamar, Rahab, Rut und Batseba.
Es sind nicht die ehrwürdigen Patriarchenfrauen, die in Israel heute noch verehrt werden. Es sind vier Frauen, die in kein Muster passten. Ihre Geschichten erzählen von dem Ringen um den eigenen Platz in der damaligen Gesellschaft. Sie machen etwas spürbar von dem Kampf um eine würdige Identität. Und sie lassen etwas ahnen von dem Mut, dem Unbekannten zu vertrauen.

Tamar – Eine Frau holt sich ihr Recht

Sie sitzt am Straßenrand. Etwas merkwürdig kommt sie sich schon vor mit dem dünnen roten Schleier und dem gewagten Ausschnitt an ihrem bunten Kleid. Normalerweise trägt sie so etwas nicht. Aber besondere Zeiten erfordern eben besondere Maßnahmen.

Sie hält Ausschau nach Juda, ihrem Schwiegervater. Sie hofft, dass er nicht erkennt, wer die verlockende Prostituierte ist, die da auf ihn wartet. Während sie wartet, gehen ihre Gedanken zurück.

Die letzten Jahre waren hart für sie. Sie war mit Judas ältestem Sohn verheiratet. Und sie wünschte sich von ganzem Herzen ein Kind von ihm. Das hätte ihren Platz in der großen Familie gesichert. Denn schließlich kommt sie nicht von hier, ist eine Zugezogene, die ohne ein eigenes Kind keine Rechte in Judas Familie hat. Doch ihr Mann starb, bevor sie schwanger wurde.

Nun war es Sitte, dass sie das Recht hatte, vom Bruder ihres verstorbenen Mannes ein Kind zu bekommen. Doch das ist ein dunkles Kapitel, eine schreckliche Erniedrigung, über die sie auch jetzt noch nicht gerne nachdenkt.

Onan, Judas zweitältester Sohn, ging zwar diese »Schwagerehe« mit ihr ein, aber er weigerte sich, richtig mit ihr zu schlafen. Sie hat mit niemandem darüber gesprochen, aber diese Demütigung tat unendlich weh.

Und es kam noch schlimmer: Auch Onan starb, und sie stand wieder alleine da.

Bild 8: Im Herzen bewahren

Juda sprach es zwar nicht aus, aber sie wusste, dass sie ihm langsam unheimlich wurde. Sie konnte damals in seinem Gesicht lesen, was er dachte: »Ich habe nur noch einen Sohn, Schela. Noch ist er zu jung. In ein paar Jahren könnte er Tamar heiraten. Aber was ist, wenn diese Frau verhext ist und mir auch noch meinen letzten Sohn nimmt?«

So hatte Juda sie erst einmal nach Hause zu ihrem Vater geschickt. Er versprach ihr zwar, sie zu holen, wenn Schela erwachsen genug sei, aber er hielt sein Versprechen nicht. Nichts geschah und nun wurde sie ihrer Familie langsam lästig: eine kinderlose, ungeliebte Frau, eine Schande für die Familie!

Langsam hatte sie begriffen, dass sie selbst handeln musste, wenn sie nicht weiter ein rechtloses, entwürdigendes Leben führen wollte.

Gestern hatte sie erfahren, dass Juda heute von der Schafschur zurück in die Stadt kommt. Sie hatte daraufhin ihre Witwenkleider abgelegt und sich diese ungewohnten bunten Kleider angezogen. Heute morgen war sie so zur Straße gegangen.

Ein paar Stunden sind seitdem schon vergangen. Sie sitzt da und wartet mit Herzklopfen, aber fest entschlossen, sich ihren Platz in Judas Familie zurückzuerobern. Endlich kommt Juda mit seinen Knechten. Während seine Männer schon weitergehen, bleibt er bei der unbekannten Prostituierten stehen und verhandelt mit ihr. Als Lohn für ihre Dienste verspricht er ihr einen kleinen Ziegenbock und lässt ihr eine Schnur, seinen Siegelring und seinen Stab als Pfand zurück. Er scheint nichts zu merken. Auch als er mit ihr schläft, erkennt er nicht, wer sie ist.

Erleichtert geht sie nach Hause und legt den roten Schleier wieder ab. Nun kann sie nur noch hoffen.

Nach drei Monaten meldet man Juda: »Deine Schwiegertochter ist schwanger! Dabei hat sie doch gar keinen Mann! Mit wem die sich wohl herumgetrieben hat?« Juda bebt vor Zorn. Sie hat das Andenken seiner Söhne beschmutzt! Als Familienoberhaupt muss er handeln und das tun, was zu der Zeit mit jeder Frau geschieht, die sich herumtreibt: Tamar soll auf dem Scheiterhaufen verbrannt werden. Ein Holzstapel wird aufgeschichtet und Tamar geholt. In den Händen hält sie den Siegelring, die Schnur und den Stab, ihre Lebensversicherung. Wird es reichen?

Auf dem Weg zum Feuer lässt sie Juda den Siegelring, die Schnur und den Stab bringen mit der Nachricht: »Von dem Mann, dem das gehört, bin ich schwanger!« Juda erschrickt, ist aufgebracht und beschämt zugleich. Tamars Plan geht auf. Sie hat ihn richtig eingeschätzt: Juda zeigt Größe. Wie leicht hätte er als Mann die Beweisstücke unterschlagen können. Einer Frau hätte man niemals geglaubt! Doch er lässt das Feuer löschen. So sehr er sie auch verdächtigt und hingehalten hat, jetzt holt er sie zurück in die Familie.

In ihrem eigenen Zelt kann sie nun ungestört leben und ihre Söhne Perez und Serach zur Welt bringen. Voller Stolz beobachtet sie, wie die Zwillinge heranwachsen. Ob sie wohl etwas von der Entschlossenheit ihrer Mutter geerbt haben?

Nach Genesis/1. Mose 38

Rahab – Wissen, was die Stunde schlägt

Die Stadt Jericho rüstet sich zum Kampf. Man hat viel gehört von dem Menschenstrom, der ins Land kommt. Keine normalen Einwanderer sind das. »Volk Gottes« werden sie genannt. Tausende von Menschen, die alle an einen Gott glauben, der den Menschen aus Jericho absolut unbekannt ist. Aber unheimlich ist die ganze Geschichte schon, denn es wird erzählt, dass den Einwanderern scheinbar kein Meer zu tief und keine Mauer zu hoch ist. Ein seltsamer Plan scheint sich mit diesen Menschen zu verwirklichen.
Doch Jericho werden sie nicht erobern! Die Stadtmauern sind unüberwindbar, alle Tore sind bewacht. Kein einziger von diesem »Volk Gottes« wird seinen Fuß in die Stadt setzen, da sind sich alle Bewohner einig. An Jericho wird sich dieser unbekannte Gott die Zähne ausbeißen.
Nur eine Frau ist anderer Meinung. Rahab heißt sie. Sie arbeitet als Prostituierte und lebt in einem kleinen Haus direkt auf der breiten Stadtmauer, im Grenzbereich, greifbar nah und doch weit genug weg vom wohlgeordneten Alltagsleben.
Sie hat schon viel gehört von den Menschen, die sich diesem unbekannten Gott anvertraut haben, der sie schützt und auf ihrer Wüstenwanderung leitet. Sie ist neugierig und unruhig, und sie ahnt, dass neue Zeiten anbrechen. Ist es Zufall, dass zwei Kundschafter dieses »Volkes Gottes« sich unbemerkt in die Stadt schleichen können und schließlich bei ihr im Haus landen?
Heimlich gewährt sie ihnen Unterkunft. Doch nicht heimlich genug. Dem König von Jericho wird gemeldet, dass zwei fremde Männer bei Rahab eingekehrt sind.
Eine gefährliche Situation für Rahab! Der König lässt ihr Haus durchsuchen, ohne Erfolg! Sie stellt sich dumm. »Ich weiß nicht, wer sie waren und wo sie hingegangen sind! Wenn ihr schnell genug seid, werdet ihr sie noch einholen!«
Doch als die Soldaten weg sind, geht sie aufs Dach, wo sie die beiden Männer unter dem Flachs versteckt hat. Keiner hat dort gesucht.
Als die beiden sich bei ihr bedanken wollen, nimmt sie ihnen ein Versprechen ab: »Ich habe gehört, dass ihr einen mächtigen Gott habt, der euch alles möglich macht. Ich rechne damit, dass ihr Jericho erobern werdet und wir nichts dagegen tun können. Deshalb versprecht mir nun eins: Verschont mich und meine Familie, wenn ihr Jericho in Besitz nehmt. Das soll der Lohn dafür sein, dass ich euch heute das Leben gerettet habe.«
Die Männer schwören es und verabreden ein Erkennungszeichen mit ihr.
Rahab lässt ein langes rotes Seil aus dem Fenster hängen. Daran können die beiden sich an der Außenseite der Stadtmauer abseilen und unerkannt entkommen.
Sie kehren zum wartenden Volk in der Wüste zurück und brechen nun gemeinsam wieder in Richtung Jericho auf.
Als das Volk Jericho erreicht, dort sieben Tage lang um die Stadtmauern zieht und schließlich zum Angriff bläst, müssen die Stadtbewohner erkennen, dass alle Sicherheitsvorkehrungen nichts genützt haben. Die Stadtmauern stürzen ein.

Jericho wird erobert. Alle Häuser werden zerstört, die ganze Stadt ist ein Flammenmeer.
Nur ein Haus bleibt unversehrt. Es steht auf dem Rest der Stadtmauer. Ein rotes Seil hängt aus dem Fenster.

Nach Josua, 2 und 6

Rut – Mut macht Eindruck

»Wo du hingehst, da will auch ich hingehen! Dein Volk ist auch mein Volk, und dein Gott ist auch mein Gott.«
Dieser Vers wird gerne als Trauspruch genommen, weil er die Verbundenheit zwischen zwei Menschen in ganz besonderer Weise ausdrückt. Es ist aber ursprünglich gar kein Satz, den zwei Verliebte sich sagen! Es ist ein mutiges Versprechen, das eine Frau ihrer Schwiegermutter gegeben hat.

Rut und Noomi heißen die beiden. Sie leben im Gebiet Moab östlich des Toten Meeres. Dorthin ist Noomi vor vielen Jahren mit ihrer Familie gekommen, als in ihrer Heimatstadt Betlehem eine Hungersnot herrschte. Sie hat sich mit ihrer Familie in Moab eingerichtet, aber richtig heimisch ist sie nie geworden. Immer noch hat sie ein bisschen Sehnsucht nach Betlehem.

Rut dagegen ist in Moab geboren und hat einen der beiden Söhne Noomis geheiratet. Der andere ist bereits verheiratet. Alle sehen hoffnungsvoll in die Zukunft und warten darauf, dass das erste Enkelkind geboren wird. Doch dazu soll es nicht kommen.
Zuerst stirbt der älteste Sohn von Noomi. Und dann trifft es auch noch den zweiten, Ruts Mann. Rut ist schockiert! Sie ist noch so jung! Und nun ist sie Witwe, ohne dass sie auch nur ein Kind von dem geliebten Mann haben durfte!
Auch Noomi kann das Unglück nicht fassen. Ihre Familie war ihr ein und alles. Es war schon schlimm genug, als ihr Mann und dann ihr ältester Sohn sterben mussten. Und jetzt auch noch der zweite!
Nun hat sie niemanden mehr! Wäre doch nur ein Enkelkind da! Dann hätte das Leben hier noch einen Sinn, dann hätte sie wenigstens noch eine kleine Familie! Aber so? Wie die andere Schwiegertochter wird auch Rut zu ihrer leiblichen Familie zurückkehren. Das gehört sich nun mal so! Wer sollte sonst für eine junge Witwe sorgen?
Und was soll aus ihr selbst werden? Sie ist alt und allein. Was soll sie also noch hier, in Moab, wo sie nie richtig Fuß gefasst hat? Dann lieber zurück nach Betlehem. Vielleicht steht das alte Haus noch! Und vielleicht kennt der eine oder andere sie noch! Irgendwo wird sie schon Unterschlupf finden, jedenfalls eher als hier in Moab.
Noomi braucht nicht lange, bis ihr Entschluss feststeht. Doch als sie es Rut erzählt, verhält ihre junge Schwiegertochter sich völlig anders, als Noomi es erwartet hat. Rut hat sich trotz ihres eigenen Kummers viele Gedanken um Noomi gemacht. Sie sorgt sich um die einsame Frau und denkt überhaupt nicht daran, ihre Schwiegermutter allein zu lassen. Statt dessen redet sie so, als ob Noomi ihre Mutter wäre und verspricht ihr: »Wo du hingehst, da will auch ich hingehen! Dein Volk ist auch mein Volk, und dein Gott ist auch mein Gott.«
Rut weiß, dass sie damit als Frau ein unglaubliches Wagnis eingeht. Sie weiß, dass sie völlig gegen jede Norm handelt. Und sie weiß auch, dass zwei Frauen ohne männlichen Schutz in einer fremden Umgebung ein schweres Leben haben werden.
Doch Noomi bedeutet ihr viel. Und so wagt sie den Sprung ins Ungewisse und geht mit ihr nach Betlehem.
Sie kommen ohne großen Besitz und müssen sich mühsam eine neue Existenz aufbauen. Noomi gibt Rut – nicht ohne Hintergedanken – den Rat, zum Ährensammeln auf die Felder eines reichen Mannes namens Boas zu gehen. Das ist eine ungewohnte Situation für Ruth. Zu Hause hatte sie ihr eigenes Feld. Doch was nützt es, sie müssen schließlich leben!
Noomis heimliche Hoffnung erfüllt sich: Boas bemerkt Rut. Er beobachtet sie und ist beeindruckt von ihrem Fleiß und ihrer Entschlossenheit, für sich und die Schwiegermutter das Lebensnotwendige zu beschaffen. So sorgt er während der gesamten Ernte bereits heimlich dafür, dass Rut nie zu kurz kommt.
Die Erntezeit ist fast vorüber, und Rut stellt sich immer öfter die Frage, was danach aus ihr und ihrer Schwiegermutter werden soll. Sie hat Boas Blicke bemerkt. Sie

sind ihr alles andere als unangenehm. Er ist fürsorglich und mehr als freundlich zu ihr. Warum soll sie also nicht noch einmal den entscheidenden Schritt wagen? Mutig fasst sie sich ein Herz und bittet Boas um seinen weiteren Schutz. Wieder ein ungewöhnlicher Schritt für eine Frau ihrer Zeit. Doch sie läuft offene Türen ein. Boas hat sich verliebt, er schätzt ihren Wagemut und ihre Treue und ist froh, als sie ihn nun bittet, bei ihm bleiben zu können. Sofort regelt er alles, um sie in sein Haus aufzunehmen als seine Frau. Rut, die Fremde mit dem großen Mut.

Nach Rut 1–4

Batseba – Vom Sexualobjekt zur Königinmutter

Es ist Abend. König David ruht sich auf dem Dach seines Palastes aus und schaut über die Stadt.
Auf dem Dach des Nachbarhauses entdeckt er eine Frau, die badet. Sie ist so schön, dass David alles andere darüber vergisst. Nur ein Gedanke beherrscht ihn: »Wer ist diese Frau? Ich will sie haben, sie soll kommen, noch heute!«
David überlegt nicht lange, sondern schickt seine Diener zu der Schönen, lässt sie holen und schläft mit ihr.
Ihr Name ist Batseba. Batseba wird schwanger und lässt das dem König mitteilen. Nun ist sie allerdings bereits mit Urija verheiratet. Und Urija ist Soldat im Heer König Davids. Zunächst versucht David noch, dem Ehemann die Schwangerschaft unterzuschieben. Als das jedoch misslingt, sorgt er dafür, dass Urija im Kampf fällt. Nun ist für ihn der Weg frei. Er heiratet Batseba.
Sie bekommt einen Sohn, der bald nach seiner Geburt stirbt.
Nach der Zeit der Trauer wird sie erneut schwanger und bekommt wieder einen Sohn: Salomo.
In der biblischen Erzählung begegnen wir Batseba erst wieder, als ihr Sohn Salomo alt genug ist, den Königsthron zu besteigen.
Sie hat die Fäden um die Machtintrigen mit Salomos Halbbruder Adonija fest in der Hand und sorgt dafür, dass der altersschwache König David ihren Sohn zum neuen König ernennt. Batseba selbst steigt dadurch auf zur einflussreichen Königinmutter.
»Als nun Batseba zu König Salomo kam …, erhob sich der König, ging ihr entgegen und verneigte sich vor ihr. Dann setzte er sich auf seinen Thron und ließ auch für die Königinmutter einen Thron hinstellen. Sie setzte sich an seine rechte Seite …«

1. Könige 2,19; 2. Samuel 11,1–27; 12,15–25

Geboren von der Jungfrau Maria ...

Für uns ist das schwer zu glauben. Aber die Rede von der Geburt eines Kindes durch eine Jungfrau stellte für die Antike ein kleineres Problem dar als für uns heute.
Bei großen, bedeutenden Männern sprach man damals oft von einer »göttlichen Zeugung« und der Geburt durch eine Jungfrau. In Ägypten wurde bereits seit dem zweiten Jahrtausend vor Christus davon berichtet. Dieser Mythos strahlte in den gesamten östlichen Mittelmeerraum aus. Die Evangelisten griffen bei der Schilderung der Geburt Jesu auf diese damals gängige Rede zurück, um die Besonderheit dieses Kindes deutlich zu machen.
Es ging ihnen dabei nicht um eine historisch-biografische und vor allem nicht um eine biologische Beschreibung dessen, was geschehen war, sondern um eine theologische Aussage. Die Evangelisten wollten mit Hilfe damals überall bekannter und akzeptierter Bild- und Symbolsprache deutlich machen, wer Jesus für sie war und welche Bedeutung er auch für andere Menschen haben könnte:
Christus, der eine besondere Nähe zu Gott hat und durch den Gott zu uns Menschen spricht.
Jesus, an dem man erfahren kann, wie Gott den Menschen gedacht hat.

Die Rede von der Jungfrauengeburt kann auch als Bild für den absoluten Neuanfang verstanden werden. Einerseits reiht Maria sich ein in einen Stammbaum voll ungewöhnlicher Frauengeschichten, andererseits wird mit ihr als »Jungfrau« das Signal für den Beginn einer ganz neuen Geschichte gesetzt:

> Du bist nicht festgelegt
> durch die Geschichte deiner Verletzungen
> und Kränkungen,
> durch die Geschichte deiner Irrtümer
> und Verirrungen.
> Du kannst heute von Neuem beginnen.
> Du kannst dein Feld,
> das durch Unachtsamkeit so voller Dornen ist,
> von neuem bestellen,
> damit deine ursprüngliche Schönheit
> wieder aufblüht.
>
> *Anselm Grün*

Im Herzen bewahren

»So eilten die Hirten hin und fanden Maria und Joseph und fanden das Kind, das in der Krippe lag.
Als sie es sahen, erzählten sie, was ihnen über dieses Kind gesagt worden war ...
Maria aber bewahrte alles, was geschehen war, in ihrem Herzen.«

Aus der Weihnachtsgeschichte, Lukas 2

Das Weihnachtsgeschehen »im Herzen bewahren« kann viele Gesichter haben:
Entdecken können wir dies im Leben von Menschen. In der katholischen Tradition sind dies die bekannten Heiligen, aber auch die vielen Menschen, an deren Biografien wir Glauben lernen können, in deren Leben das Evangelium Fleisch angenommen hat.
Eine andere Möglichkeit, vornehmlich in der evangelischen Tradition bewahrt, ist die, einen Vers aus der Bibel zu leben und seine tiefe Bedeutung für den Einzelnen im Alltag aufleuchten zu lassen. Hier haben die Tauf-, Konfirmanden- oder Trausprüche als »Geländer fürs Leben« ihren Ort.
Beiden Wegen versuchen die folgenden Texte Rechnung zu tragen.

Wie Maria –
sich nicht verschließen
nicht nach Erklärung fragen,
Vertrauen haben.

Wie Maria –
auf die entscheidenden Worte hören,
an sich geschehen lassen,
Gott einlassen.

Wie Maria
ein weites Herz haben,
das Wort in sich bewahren
und sich nicht fürchten
vor dem, was kommt.

Nach Johannes Kuhn

Credo

Ich glaube, dass Gott aus allem, auch aus dem Bösesten,
Gutes entstehen lassen kann und will.
Dafür braucht er Menschen,
die sich alle Dinge zum Besten dienen lassen.

Ich glaube,
dass Gott uns in jeder Notlage
so viel Widerstandskraft geben will,
wie wir brauchen.

Aber er gibt sie uns nicht im voraus,
damit wir uns nicht auf uns selbst,
sondern allein auf ihn verlassen.
In solchem Glauben müsste alle Angst
vor der Zukunft überwunden sein.

Ich glaube,
dass Gott kein zeitloses Schicksal ist,
sondern dass er auf aufrichtige Gebete
und verantwortliche Taten wartet und antwortet.

Dietrich Bonhoeffer

(Dietrich Bonhoeffer war evangelischer Pfarrer und Mitglied der Bekennenden Kirche. Er gehörte zu den Widerstandskreisen gegen Adolf Hitler. Am 9. April 1945 wurde er im KZ Flossenbürg in der Oberpfalz ermordet. Diesen Text hat er in seiner Zeit im Wehrmachtsuntersuchungsgefängnis in Berlin-Tegel verfasst.)

»... aber meinen Konfirmationsspruch, den kenn ich noch!«

Vieles von dem, was wir einmal gesehen, gehört und gelernt haben, geht uns im Laufe unseres Lebens wieder verloren.
Nur ganz wenige Sätze bleiben uns erhalten, weil sie wertvoll und wichtig waren: die erste Liebeserklärung, ein lang erhofftes Lob, der letzte Satz eines nahen Menschen. Manchmal gehört auch der Konfirmationsspruch zu diesen Sätzen:

Der Herr ist mein Hirte, mir wird nichts mangeln.
Psalm 23,1

Befiehl dem Herrn deine Wege und hoffe auf ihn, er wird's wohl machen
Psalm 37,5

Seid fröhlich in Hoffnung, geduldig in Trübsal, haltet an am Gebet.
Römer 12,12

Vater unser im Himmel ...

Jesus, seine Geburt, sein Leben, sein Tod und sein Glaube sind für den einen nah und nachvollziehbar, für den anderen fern und fremd. Doch das Gebet, das Jesus als erster gebetet hat, kennen viele.

>Vater unser im Himmel,
>geheiligt werde dein Name.
>Dein Reich komme.
>Dein Wille geschehe,
>wie im Himmel so auf Erden.
>Unser tägliches Brot gib uns heute.
>Und vergib uns unsere Schuld,
>wie auch wir vergeben unsern Schuldigern.
>Und führe uns nicht in Versuchung,
>sondern erlöse uns von dem Bösen.
>Denn dein ist das Reich
>und die Kraft
>und die Herrlichkeit
>in Ewigkeit.
>Amen.

Weihnachtsbaum – *Lebensbaum*

Leben heißt: Nehmen und Geben

Die Erfahrung der Krippe, die Erfahrung der unbedingten Annahme durch Gott, befähigt uns, diese weiterzugeben, lässt leben. Der Weihnachtsbaum erinnert an den Paradiesbaum und greift damit unsere Sehnsucht nach einem erfüllten Leben auf. Erfülltes Leben bedeutet das Ineinander von Nehmen und Geben.

Wo nehmen Sie?
Wo geben Sie?

Weihnachtsbaum – Lebensbaum

In allen Kulturen und Religionen symbolisiert der Baum das Leben. Deshalb wurden Bäume häufig als Göttersitze gesehen, befanden sich heilige Orte in Hainen, entstanden die Gerichtslinde und der Maibaum.

Im Mittelalter schmückte man Häuser und Kirchen zur Weihnachtszeit mit grünen Zweigen. Als die ersten Krippenspiele aufgeführt wurden, stand neben der Krippe auch ein immergrüner Baum, der so genannte »Paradiesbaum«.

In Silber- und Goldpapier eingewickelte Früchte sollten den Paradiesapfel darstellen. Sie sind als Vorläufer unserer heutigen Christbaumkugeln zu sehen.

Der Baum mit den »Äpfeln« wurde zur Krippe gestellt, um deutlich zu machen, dass nach der Vertreibung aus dem Paradies mit Christi Geburt nun eine neue Zeit gekommen war. Aus dem »Paradiesbaum« wurde ein »Lebensbaum«.

Seit dem 15./16. Jahrhundert gibt es diesen »Lebensbaum« auch außerhalb der Kirchen. In einem Reisebericht aus Straßburg taucht folgende Notiz auf: »Auf Weihnachten richtet man Tannenbäume in den Stuben auf, dann hängt man Rosen aus vielfarbigem Papier geschnitten, Äpfel, Obladen, Zischgold und Zucker daran.«

Auch wenn zunächst gegen diese neue Sitte gewettert wurde, gehörte der Weihnachtsbaum bald in deutschen evangelischen Familien zum Weihnachtsfest dazu. Er war wie ein Gegenstück zu dem katholischen Brauch, im Haus eine Krippe aufzubauen. Seit der Mitte des 19. Jahrhunderts hatte der Weihnachtsbaum dann in fast allen evangelischen und katholischen Familien seinen Platz gefunden.

Der Baumschmuck wurde ausgedehnt. Zu den Äpfeln kamen aufgesteckte Kerzen, dann Strohsterne, Engelshaar, Lametta und schließlich Kugeln aus Glas, Metall und Kunststoff. So hat unser heutiger Weihnachtsbaum mit seinem jährlich wechselnden aufwändigen Schmuck nur noch wenig mit dem ursprünglich schlichten Lebensbaum zu tun. *(Nach Manfred Becker-Huberti)*

Mit allen *Sinnen* –
Apfel, Nuss und Mandelkern

Das Weihnachtsfest greift unsere Sehnsucht nach einer Dimension auf, die jenseits aller Berechenbarkeit und Beweisbarkeit liegt, die Sehnsucht nach der Wirklichkeit hinter der Wirklichkeit. Wie aber können wir diese Wirklichkeit erfassen? Seit alter Zeit geschieht dies durch Symbole. Der evangelische Theologe Paul Tillich sagt, dass die eigentliche Sprache des Glaubens die Symbolsprache sei. Symbole gehören der fassbaren, sinnlichen Wirklichkeit an und verweisen doch auf mehr, auf die Wirklichkeit hinter der Wirklichkeit.

In den Weihnachtstraditionen steckt eine tiefe Symbolik, die vielen Menschen nicht mehr unbedingt bekannt ist.

Welche Weihnachtstradition bedeutet Ihnen viel?

Die Geschichte des Weihnachtsfestes

Eine relativ hohe Wahrscheinlichkeit spricht für das Jahr 7/6 v. Chr. als Geburtsjahr Jesu. Im Markus-Evangelium (um das Jahr 70) findet sich jedoch noch kein Hinweis auf die Geburt Jesu. Bei Matthäus (nach 70) wird die Geburt Jesu ohne Details geschildert. Erwähnt werden jedoch die Sterndeuter, die Jesus Geschenke überreichen, der Kindermord des Herodes und die Flucht nach Ägypten.
Erst Lukas (nach 70) schildert die Geburt Jesu in Betlehem: In Windeln gewickelt wurde er in eine Krippe gelegt. Engel verkünden den Hirten auf dem Feld die Botschaft vom Frieden auf Erden.
Johannes (um 100) schildert keine Geburtsgeschichte.

Die ersten Christen haben »Weihnachten« noch nicht gekannt. Sie waren geprägt vom Osterereignis. Die Auferstehung Jesu war für sie der zentrale Glaubensinhalt. Sie feierten vor allem den »Tag des Herrn«, unseren heutigen Sonntag, als wöchentliche Erinnerung an die Auferstehung und die von Jesus Christus gestiftete Abendmahlsfeier. Höhepunkt im Festkalender der frühen Christen war die Osterzeit.
Durch die aufkommende Christenverfolgung wurde das Gedächtnis des Leidens und Sterbens Christi noch einmal aufgewertet. Den leidenden Christus konnten sich die verfolgten Christen und die Märtyrer der Antike ständig vor Augen halten. Seine Auferstehung machte ihnen Mut. Aber der Geburtstag Jesu? Was sollte man damit anfangen?
Nur Heiden feierten Geburtstage. So der ägyptische Pharao im Alten Testament oder Herodes, der zu seiner Geburtstagsfeier den Johannes enthaupten ließ. Noch zu Anfang des dritten Jahrhunderts protestiert der Schriftsteller Origenes ausdrücklich gegen den heidnischen Brauch der Geburtstagsfeiern.

Die Frage, wann Jesus geboren war, interessierte nur am Rande. Da man den Schriften nichts Präzises entnehmen konnte, ließ man den genauen Geburtstag anfangs einfach offen. Im Laufe der Zeit kam es dann immer häufiger zu den verschiedensten Angaben für den Geburtstag Jesu. Der 20. Mai war ebenso in der Diskussion wie der 8. oder der 18. November. Auch für den 25. und 28. März gab es gute Gründe. Am 25. März sind Tag und Nacht gleich lang. Da es im Schöpfungstext heißt, dass Gott das Licht von der Finsternis trennte, war logischerweise der 25. März der Schöpfungstag, da man davon ausgehen konnte, dass Gott Licht und Finsternis in zwei gleiche Hälften aufteilte. Am dritten Tag erschuf Gott die Sonne. Da Christus die Sonne der Gerechtigkeit ist, musste er am dritten Tag nach dem Schöpfungstag, also am 28. März, zur Welt gekommen sein.

Aus ähnlichen Überlegungen heraus wurde auch der 25. Dezember genannt. Zählt man nämlich zum Schöpfungstag 25. März, der auch als Empfängnis- oder Zeugungstag Jesu gesehen werden könnte, neun (Schwangerschafts-)Monate hinzu, so landet man beim 25. Dezember.

Allerdings ist ein Termin im Winter äußerst unwahrscheinlich. Die einzige Angabe in den Evangelientexten, die eine Eingrenzung zulassen würde, ist die Erwähnung der Hirten auf dem Felde. Die Hirten waren in Palästina von April bis November auf den Feldern.

Schon damals fanden die abenteuerlichen Berechnungsmethoden wenig Beifall. Clemens von Alexandrien spottete am Ende des zweiten Jahrhunderts über die, die auf diese Weise den Geburtstag Christi erschließen wollten. Trotz dieser zum Teil lächerlich anmutenden Datums-Spekulationen stieg das Interesse an Christi Geburt. Es ging ja nicht nur darum, einen Geburtstag zu feiern. Entscheidend war, dass mit der Geburt Christi das Heil in die Welt trat. So kam es, dass die Erscheinung (Epiphania) des Herrn gefeiert wurde, und zwar am 6. Januar.

Am 6. Januar wurde in Alexandrien die Geburt Äons durch die Jungfrau Kore gefeiert, und in der Nacht zum 6. Januar sollten die Wasser des Nils eine besondere Wunderkraft enthalten. In Anlehnung an diese heidnischen Traditionen und um den Heiden zu verdeutlichen, dass Christus, der im Jordan getauft wurde, das wahre auf Erden erschienene göttliche Wesen ist, feierte man an diesem Tag, besonders bei den Christen im Orient, Geburt und Taufe Jesu.

Die Betonung der Taufe Jesu geht auf den Gnostiker Basilides zurück. Für die Anhänger der Gnosis, einer von der Mehrheit abgelehnten frühchristlichen Auffassung, hatte Gott sich erst durch die Taufe mit Jesus verbunden, nicht etwa schon vor seiner Geburt. Für sie war die Taufe Jesu deshalb der Tag der Erscheinung (Epiphanias).

Für die meisten Christen war jedoch die Geburt Christi die Erscheinung des Herrn. Die Geburt des Herrn feierte man in der Nacht vom 5. auf den 6. Januar, anschließend (am 6. Januar) wurde die Taufe gefeiert.

Schon bei dieser Feier spielte Licht eine große Rolle. So wird z. B. berichtet, dass die Auferstehungskirche in Jerusalem in der Nacht vom 5. zum 6. Januar von unzähligen Kerzen erleuchtet wurde.

Wie kam es nun zur noch heute üblichen Feier der Geburt Jesu am 25. Dezember? Zum einen wollte man wahrscheinlich besonders nach der Verurteilung der gnostischen Lehre auf dem Konzil von Nicaea Geburt und Taufe Christi trennen, um den Eindruck zu vermeiden, dass eine gemeinsame Feier von Geburt und Taufe Jesu (als Erscheinung des Herrn) Lehre der Kirche und Lehre der Gnostiker vermischt. Zum anderen kam wohl das Bestreben Kaiser Konstantins hinzu, alte heidnisch-römische Bräuche und christliche Inhalte zu vereinen. Da am 25. Dezember der unbesiegte Sonnengott (Sol Invictus) gefeiert wurde, passte es gut, dass bei den vielen Berechnungsversuchen auch schon der 25. Dezember als Geburtstermin genannt wurde.

Bild 10: Mit allen Sinnen – Apfel, Nuss und Mandelkern

Im Jahr 336 wurde der Geburtstag Jesu am 25. Dezember erstmals dokumentiert. Es ist anzunehmen, dass er noch unter Konstantin an diesem Tag gefeiert wurde. Möglicherweise hat die römische Kirche den 25. Dezember noch früher gefeiert, um dem römischen Sonnengott Christus als ihre »Sonne der Gerechtigkeit« entgegenzusetzen.

Die Feier des Weihnachtsfestes am 25. Dezember verbreitete sich danach immer weiter. In den christlichen Teilkirchen des Orients hielt sich der 6. Januar jedoch noch lange. Am längsten in Jerusalem, wo noch im 6. Jahrhundert dieser Tag gefeiert wurde. Die Kirche der Armenier feiert noch heute Christi Geburt am 6. Januar.

Im 16. Jahrhundert wurde in der Oberschicht evangelischer Gebiete die Kinderbescherung durch das Christkind eingeführt. Christus selbst schenkt, nicht ein Heiliger wie Nikolaus.

1605 wird in Straßburg zum ersten Mal ein Weihnachtsbaum aufgestellt. Um 1900 war die Kinderbescherung konfessionsübergreifend in ganz Deutschland üblich, teils durch das Christkind, teils durch den zum Weihnachtsmann gewandelten Nikolaus.

Nach Wolfgang Christmann

Weihnachtstraditionen

Adventskalender

Seit Oktober liegen sie schon in den Geschäften zum Kauf aus: doppelbödige Pappkalender mit winterlichen oder weihnachtlichen Motiven und 24 verheißungsvollen Fensterchen – Adventskalender.
Als Erfinder des »ersten« Adventskalenders wird ein gewisser Gerhard Lang (1881–1974) genannt.
Seine ursprüngliche Idee hatte mit den heutigen Schokoladenkalendern nicht viel zu tun. Er wollte mit seinem Kalenderentwurf Familien gedanklich zum Weihnachtsfest hinführen. Dafür standen bei dem von ihm kreierten Kalender hinter jedem geöffneten Fenster oder Türchen ein Bibelwort, eine Liedstrophe, eine Anregung zum besseren Umgang miteinander oder Hinweise auf die verschiedenen Heiligentage in der Advents- und Weihnachtszeit. Die Türchen gingen über Weihnachten und Neujahr hinaus bis zum 6. Januar (dem heutigen Sternsingertag), an dem das so genannte Epiphaniasfest gefeiert wird, das an die Göttlichkeit Jesu erinnern soll.
Während der Zeit des Nationalsozialismus wurde dieser christliche Sinn in den Hintergrund gerückt, man ging zur Darstellung von Märchen-, Winter- und Spielzeugmotiven über.
Das religiöse Konzept des Adventskalenders ging dann vollends verloren, als die Süßwarenindustrie ihn in ihr Angebot aufnahm. Geschäftstüchtige Firmen haben einen Dezemberkalender daraus gemacht, der bis zum 24. Dezember jeden Tag mit Schokolade und Marzipan versüßt. *(Nach Manfred Becker-Huberti)*

Adventskranz

Advent, Advent, ein Lichtlein brennt,
erst eins,
dann zwei,
dann drei,
dann vier,
dann steht das
Christkind vor der Tür.

Dieses schlichte Kindergedicht, das wahrscheinlich viele von uns einmal gelernt haben, weist auf einen Adventsbrauch hin, der noch nicht besonders alt ist: auf den Adventskranz mit seinen vier Kerzen. Hervorgegangen ist der Adventskranz aus Adventsandachten, die der evangelische Pfarrer Johann Hinrich Wichern (1808-1881) im »Rauhen Haus« in Hamburg-Horn hielt. 1833 hatte er das »Rauhe Haus«

gegründet als Heim für gefährdete Jugendliche, die sich am Rande der Legalität und damit am Rande der Gesellschaft bewegten. Ihm war wichtig, dass gerade diese Jugendlichen eine schöne und eindrückliche Adventszeit erleben konnten. Deshalb führte er 1840 den Brauch ein, den Kronleuchter im Andachtsraum des »Rauhen Hauses« zusätzlich zu den Kerzen auch mit Tannengrün zu schmücken. Für jeden Tag im Advent wurde in der Andacht eine Kerze auf dem Kronleuchter angezündet. Damit sollte symbolisch auf eine Aussage aus dem Johannesevangelium hingewiesen werden, in der Jesus Christus als Licht bezeichnet wird, das in der Finsternis scheint (Joh 1,5).
Später setzte sich im Blick auf die vier Adventssonntage der aus Tannenzweigen geflochtene Kranz mit vier Kerzen durch, der nach dem Ersten Weltkrieg auch bei katholischen Christen Einzug hielt. Nach christlichem Verständnis ist die Adventszeit vor Weihnachten genau wie die Fastenzeit vor Ostern eine Zeit der Buße, der inneren Vorbereitung auf ein wichtiges Fest. Da Violett die symbolische Farbe der Buße ist, waren die Bänder und die Kerzen am Adventskranz ursprünglich violett. Traditionell wird der Adventskranz aus Tannengrün gebunden, weil die immergrünen Tannennadeln auf das ewige Leben durch Christus hinweisen sollen. Die Kreisform kann als Symbol der Ewigkeit und damit auch als Symbol des ewigen Gottes verstanden werden.

4. Dezember: Barbara und Barbarazweige

Barbara ist Legende. Keiner weiß Genaues über sie. Vermutlich lebte sie im 3. oder 4. Jahrhundert in Kleinasien und wurde von ihrem Vater in einen Kerker gesperrt und hingerichtet, weil sie nicht – wie von ihm vorgesehen – einen Prinzen heiraten, sondern sich allein dem christlichen Glauben widmen wollte.
St. Barbara wird im deutschsprachigen Raum vor allem im Rheinland und in Westfalen verehrt. Sie wird bei Gewittern und Brandgefahr angerufen, sie erscheint als Patronin der Glöckner und Glockengießer. Die Bergleute bitten um ihren Schutz gegen schlagende Wetter. Wo die Fördertürme von Zechen stehen, tragen die Kirchen häufig den Namen Barbara.

Am 4. Dezember, dem Gedenk- und Namenstag der hl. Barbara, wird in vielen Haushalten ein Zweig von einem Obstbaum geschnitten und dann in eine Vase gestellt, damit er zu Weihnachten blüht. Dieser Brauch geht auf folgende Legende zurück: Auf dem Weg zum Gefängnis hatte sich im Gewand Barbaras ein Kirschzweig verfangen, den sie mit in ihren Kerker nahm und dort in einen Krug mit Wasser stellte. Am Tag ihrer Hinrichtung soll dieser Zweig geblüht haben.
Das Aufstellen eines solchen Zweiges, der anfangs wie tot wirkt und dann plötzlich zu blühen und zu leben anfängt, spricht von unserer Sehnsucht nach Leben und Hoffnung in der dunklen, oft bedrohlichen Winterzeit.

Lebkuchen

Das Wort »LEB« stammt aus dem Althochdeutschen und bedeutet »Heil- und Arzneimittel«. In den Klöstern hatte man Jahrhunderte hindurch besondere Gärten für Arzneimittel angelegt. Aus den hier gezüchteten Heilkräutern wurden Heilsäfte und Heilgebäck zubereitet. Neben diesem üblichen Heilgebäck wurde zur Weihnachtszeit aus den besonders gut schmeckenden Kräutern und Säften ein so genannter »Lebkuchen« gebacken und an die Kranken verteilt als Zeichen dafür, dass das Weihnachtsgeschehen der ganzen Welt Leben und Gesundheit bringen sollte.

Pfefferkuchen

Die Bezeichnung stammt noch aus dem Hochmittelalter, als man begann, mit dem Osten, dem so genannten »Morgenland«, Gewürzhandel zu betreiben. Alle morgenländischen Gewürze wurden als »Pfeffer« bezeichnet. Die aus dem Morgenland mühsam herangeschafften Gewürze waren besonders begehrt und deshalb auch sehr teuer, so dass man sie nur zu besonderen Festen wie zum Beispiel Weihnachten kaufen und verwenden konnte.

Spekulatius

Es war vor 1600 Jahren. Eine Hungersnot bedroht die kleinasiatische Stadt Myra. Alle warten auf die Ankunft ägyptischer Getreideschiffe mit dem rettenden Proviant. Endlich tauchen eines Morgens die Umrisse der lang ersehnten Schiffe am Horizont auf. Doch bevor sie den Hafen vom Myra erreichen, schiebt sich eine Kette von Piratenschiffen davor und blockiert die Zufahrt. Das Volk ist entsetzt, als schließlich ein Ruderboot im Hafen anlegt und einige verwegen aussehende Männer aus dem Boot springen. Ihre Forderung ist hart: »Wenn ihr am Leben bleiben wollt, wenn die Getreideschiffe in den Hafen sollen, so füllt unser Boot mit Gold!« Langsam setzen die Menschen sich in Bewegung, bringen ihre letzten Schätze herbei. Doch die Goldmünzen und Ringe versickern im Boot, es wird und wird nicht voll. Vergebens bitten die Menschen um Erbarmen. »Ihr habt noch eine Stunde Zeit. Für jedes fehlende Pfund Gold gebt ihr uns ein Kind, das wir als Sklaven verkaufen!«
Panik bricht aus, das Entsetzen ist groß, als bereits die ersten Kinder ausgesucht und in das Boot verfrachtet werden. Da erscheint der Bischof von Myra, Nikolaus, mit seinen Diakonen. In ihren Händen tragen sie kostbares Kirchengerät, Kelche, Kreuze, Kerzenständer, alles aus Gold. In der Kathedrale von Myra hätte es gegen jeden Angriff verteidigt werden können. Nun aber übergibt Bischof Nikolaus alles

den Seeräubern. Die Kinder kommen frei, die Piratenschiffe segeln von dannen, und die Getreideschiffe können endlich einfahren. So erzählt eine alte Legende. Bischof Nikolaus (gestorben vermutlich um 350 n.Chr.) wird in der Tradition als Beschützer der Kinder gesehen.
Am 6. Dezember erinnern wir uns an ihn, außerdem wurde ihm zu Ehren ein besonderes Gebäck hergestellt: die »Spekulatien«. Dieser Name kommt von dem lateinischen Beinamen des Bischofs: »Speculatius«, das heißt »Aufseher«. Auf den kleinen Kuchen wurde die ganze Geschichte des Bischofs Nikolaus dargestellt.

Zimtstern

Auch der Zimt ist ein Gewürz aus dem Osten. Der Zimtstern verweist somit noch entfernt auf die Herkunft der »Sterndeuter«, die dem Stern bis zur Krippe folgten, um den neugeborenen Gottessohn zu sehen.

Christstollen

Der Christstollen ist ein mit Mandeln, Nüssen und Rosinen gefüllter Teiglaib, der nach dem Backen mit Puderzucker bestäubt wird.
In der Weihnachtsgeschichte heißt es, dass Maria ihren neugeborenen Sohn in Windeln wickelte und in eine Krippe legte. Der Christstollen soll mit seiner Form und seiner Farbe an das in helle Windeln gewickelte Christkind erinnern.
Noch bis vor ca. 40 Jahren wurden Säuglinge »gepuckt«, das heißt, sie trugen in ihren ersten Lebenswochen keine Strampelhosen, sondern ihre Beine und ihr Unterkörper wurden in große Windeln eingewickelt, so wie man sich heute in eine Decke wickelt, wenn man friert.

Mistelzweige

Misteln sind zur Weihnachtszeit sehr beliebt. Woher kommt dieser Brauch? In der Antike galt die Mistel als eine der effektivsten Heilpflanzen. In der alternativen Medizin wird sie auch heute verstärkt zur Stärkung des Immunsystems eingesetzt. Die Kelten haben die Mistel hoch verehrt. Sie war in ihren Augen mysteriös, weil sie nicht in der Erde wurzelt, sondern als immergrüne Pflanze auf den Bäumen lebt. Druiden schnitten im Rahmen der winterlichen Sonnwendfeiern die Pflanzen ab, die später verteilt und in den Häusern aufgehängt wurden. Der Mistel wurden Zauberkräfte zugesprochen: sie war ein Friedenssymbol, sollte Dämonen vom Haus fernhalten und Glück bringen.

Wegen dieser heidnischen Ursprünge taucht die Mistel bis heute zwar selten in den kirchlichen Weihnachtsdekorationen auf, im Brauchtum hat der angebliche Zauber der Mistel jedoch überlebt. Statt mit der Sonnwendfeier wurde sie mit der Weihnachtszeit verbunden: Misteldekor ist außerordentlich beliebt auf Tischdecken, Geschenkpapier und in Adventsgestecken. Viele Menschen hängen in der Weihnachtszeit einen Mistelzweig über die Eingangstür ihres Hauses. Neben der Freude an schöner Dekoration schwingt dabei vielleicht auch die Hoffnung auf Harmonie und Glück für ihr Zuhause mit. Denn es wird gesagt, dass Zerstrittene, die sich unter dem Mistelzweig treffen, eher zur Versöhnung bereit sein werden. Und ein Mädchen oder eine Frau, die unter einem solchen Mistelzweig steht, darf geküsst werden. *(Nach Manfred Becker-Huberti)*

Eine Weihnachtslegende erzählt von Martha, einer Frau, die vor lauter Putzen, Kochen und Räumen keine Zeit fand, sich zum Stall von Betlehem aufzumachen. Immer wenn sie aufgefordert wurde, doch mitzukommen, hatte sie noch etwas Wichtiges zu erledigen: »Keine Zeit, keine Zeit, jetzt noch nicht!«
Als sie endlich mit ihrer Arbeit fertig war und sich auf den Weg machte, war der Stall bereits leer. Martha kam zu spät.
Lange stand sie da im leeren Stall und musste plötzlich weinen. Über ihr Zuspätkommen, über sich, über vieles, was bislang schiefgelaufen war bei ihr. Vor lauter Tränen sah sie den Engel nicht, der zu ihr trat. Behutsam fing er alle ihre Tränen auf. Wie Perlen lagen sie in der Engelhand. Leise verließ der Engel den Stall und säte die Tränen in die Rinde am alten Baum. Und im knorrigen Ast am Olivenbaum schlugen sie ihre Wurzeln. Aus hartem Holz sprießt seitdem der Mistelzweig. Es wachsen neue Beeren jedes Jahr zur Weihnachtszeit. Sie erinnern an viele Tränen und auch daran, dass durch Engelshand manchmal Tränen zu Perlen werden.

Weihnachtsmann

Wer kennt ihn nicht, den rotwangigen, dickbäuchigen, gutmütigen alten Mann mit Rentierschlitten und dem scheinbar unerschöpflichen Geschenkesack – den »Papa Noël«, »Baba Noel«, »Santa Claus«, den »Weihnachtsmann«?
Dieser Weihnachtsmann, wie wir ihn heute kennen, hat eine lange Geschichte durchlaufen. Er ist eine Mischfigur, unterschiedliche Traditionen sind in ihm vermengt.
Anfänge der Verehrung von St. Nikolaus sind schon aus dem 6. Jahrhundert aus Myra und Konstantinopel überliefert. Seit dem 8./9. Jahrhundert wird im Westen am 6. Dezember das Fest des heiligen Nikolaus gefeiert.
An diesem Tage fanden Nikolausspiele und Umzüge mit einem berittenen Nikolaus statt. Nikolaus wurde vor allem als Schutzheiliger und Freund der Kinder verehrt.

Bild 10: Mit allen Sinnen – Apfel, Nuss und Mandelkern

Nikolaus lebte im 4. Jahrhundert als Bischof von Myra in Kleinasien. Historisch ist aus seinem Leben zwar wenig bekannt, dafür sind die von Nikolaus überlieferten Legenden um so reichhaltiger. Schon in den ältesten Legenden tritt Nikolaus als Nothelfer auf. Im Laufe der Zeit gesellten sich zur Figur des kinderfreundlichen Nikolaus rauere Gesellen, die je nach Region unterschiedlich genannt wurden: Swatter Piet, Krampus, Bullerklas, Leutfresser, Pelznickel und Knecht Ruprecht. Martin Luther schaffte 1535 für die Protestanten die bis dahin übliche Kinderbescherung durch den heiligen Nikolaus am 6. Dezember ab. Der Nikolaus verschwand als Gabenbringer, und protestantische Kinder erhielten seitdem in Deutschland am 24. Dezember ihre Geschenke durch den »Heiligen Christ«.

In den Niederlanden blieb es jedoch beim 6. Dezember als Bescherungstag. Bis heute besucht der heilige Nikolaus (»Sinterklaas«) die Kinder dort hoch zu Ross, gekleidet mit eindeutiger Bischofskleidung (Mitra, Stab, Chormantel und Stola), und bringt ihnen ihre Geschenke.

Dieses Bild des »Sinterklaas« gelangte von den Niederlanden aus nach Amerika. Der 1840 am Rhein geborene und 1846 in die USA ausgewanderte Thomas Nast nahm sich während des amerikanischen Bürgerkrieges des »Sinterklaas« an. Aus seiner Kinderzeit war ihm noch der braungekleidete Begleiter des Nikolaus, der »Knecht Ruprecht« oder »Pelznickel« bekannt. Nun verschmolz er den »Sinterklaas« und den »Pelznickel« optisch zu einer Figur und schuf den amerikanischen Weihnachtsmann. »Santa Claus« trug statt Bischofskleidung einen mit Pelz besetzten Mantel und eine ebensolche Pudelmütze in gedeckten Farben und brachte von nun an den amerikanischen Kindern die Geschenke am 25. Dezember. Dieser Santa Claus in seinem bräunlichen Outfit kam schließlich nach Europa zurück, wo er sich in Deutschland als »Weihnachtsmann« mehr und mehr seinen Platz als Gabenbringer neben dem Christkind eroberte.

Seine heutige rot-weiße Farbgebung verdankt der Weihnachtsmann einer Werbekampagne von Coca-Cola. In einem riesigen Werbefeldzug des Getränkeherstellers grüßte der Weihnachtsmann 1932 erstmals in den rot-weißen Hausfarben von Coca-Cola von allen Plakatwänden und wünschte neben »fröhlichen Weihnachten« auch eine »erfrischende Pause«. *(Nach Manfred Becker-Huberti)*

Wir glauben nicht an den Weihnachtsmann

Wir glauben nicht an den Weihnachtsmann,
sondern wir glauben an Jesus Christus,
den Gekreuzigten aus Nazaret.
Wir glauben nicht an den,
der die braven Kinder belohnt
und die bösen bestraft,
sondern an den, durch den wir angenommen
sind mit unseren Licht- und Schattenseiten.
Wir glauben nicht an den, der in Silberpapier
und Schokolade vermarktet wird,
sondern an den, der lebte und liebte
und starb,
weil er sich nicht fügen wollte.
Wir glauben nicht an das Christkind,
sondern an Jesus Christus, den Sohn der Maria.
Wir glauben nicht an den holden Knaben
im lockigen Haar,
sondern an Christus, von dem wir kein Bild,
sondern nur seine Worte haben.
Wir glauben nicht an ein Wunderkind,
sondern an Jesus, dem die Welt
mit Hass begegnete.
Wir glauben nicht an jenes Wesen,
dessen Lied in den Kaufhäusern gespielt
wird, sondern an den, der auch heute noch
unter uns ist.

Landesjugendpfarramt Hannover 1997

Weihnachtslandschaften – Stop – Look – Listen

Vom 9.-14. Dezember 2001 konnte man im Hamelner Münster St. Bonifatius die »Weihnachtslandschaften« zum ersten Mal begehen. Die folgenden Bilder versuchen einen Eindruck zu vermitteln.

Da haben die Dornen Rosen getragen

Auf den Taufstein waren Rosen gestellt, um den Taufstein Dornen. Auf dem Boden um den Taufstein lag Sand, in den die Besucher Scherben (eventuell beschriftet mit dem, was sie schmerzte) stecken konnten. Ebenso konnten die Besucher Rosen in die Dornenhecke stecken.
Auf Plakaten wurden die Geschichte des Mose am brennenden Dornbusch erzählt, das Lied »Maria durch ein Dornwald ging« abgedruckt und Erfahrungen von Schülerinnen und Schülern wiedergegeben.

Im Anfang war das Staunen

Von der Kirchendecke schwebte ein großer sechszackiger Stern, von dem wiederum Sterne herunterhingen, auf die jeweils biblische Verheißungen aufgeschrieben waren. Die Besucher konnten sich einen Stern »vom Himmel holen«.
Auf einem Plakat war von der Verheißung an Abraham (Gen 15,5) zu lesen. Ein weiteres Plakat verwies auf den Stern, der die Geburt Jesu begleitet.

Dem Stern folgen

Dieses Bild war geprägt durch drei lebensgroße Figuren, die drei Sterndeuter, die drei Bereiche der Sinnsuche (Einheit mit Gott, der Welt und dem eigenen Ich) symbolisierten. Die Figuren wurden in Anlehnung an die »Drei Könige« von Sieger Köder gestaltet, jedoch so, dass man nur die »Hülle«, den »Mantel« sehen konnte. Die Figuren selbst waren »leer«.
Den Betrachtern sollte so eine Identifikation mit den Figuren der Sterndeuter ermöglicht werden. Um den Besuchern den Transfer zu erleichtern, wurde in den Figuren ein Spiegel angebracht, so dass die Betrachter sich in den Figuren im wahrsten Sinn des Wortes erkannten.
Die Figureninstallation wurde gestaltet von Sonja Krause, Paderborn.

Dem Himmel so nah

Zentrales Motiv dieses Bildes war eine große Leiter, an deren Füßen Steine lagen. Durch die Projektion des Gottesnamens (Jahwe) wurde die Verheißung »von oben« symbolisiert.
Am Fuß der Leiter lagen Masken. Auf Begleitplakaten war ein Text von Petrus Ceelen abgedruckt, der die Problematik des »Maske-Tragens« aufzeigt, sowie die Jakobsgeschichte.
Die Besucher konnten in einer Aktionsecke die Kopie einer Maske beschriften und am Fuß der Leiter ablegen.

Engelspuren

Im 5. Bild wurden unterschiedliche Zugangsweisen zum Thema Engel gestaltet: Ausgehend vom Gedicht von Rudolf Otto Wiemer »Es müssen nicht Männer mit Flügel sein, die Engel« konnten die Besucher einen Brief an ihren Engel schreiben. Dieses Bild war so gestaltet, dass rechts und links vom Plakat mit dem Wiemer-Text Fotocollagen mit menschlichen Porträts zu sehen waren. Davor lagen auf einem Tisch Briefpapier und Stifte sowie Briefbögen. Ein Briefkasten gab den Besuchern die Möglichkeit, den Brief an ihren Engel einzuwerfen, so dass er verschickt werden konnte.

Die Besucher konnten in diesem Bild »Engelspuren« in ihrem Leben nachgehen. Eine Plakatwand wies auf den Zusammenhang von Engelspuren in Lebenserfahrungen hin. Vor der Plakatwand stand ein Tisch mit einem Buch, in das die Besucher die »Engelspuren« in ihrem Leben einschreiben konnten. Es war aber auch möglich, (nur) die Erfahrungen vorheriger Besucher zu lesen.

Der weinende Engel verwies auf die Erfahrungen des Verlustes, auf das Unvollendete und Zerbrochene im Leben. Die Besucher konnten hier eine Kerze zum weinenden Engel stellen.

Hagars Wüstenerfahrung war in ein »Landschaftsbild« gefasst: Sand, Dornen und Wasser. Dieses Bild versinnbildlichte die Zusage, das Gott die nicht verlässt, die verlassen sind. Um dies zu verdeutlichen, stand neben der Quelle eine Schale, aus der die Besucher »Engelkarten« ziehen konnten, Zusagen für ihr Leben.

Menschen, die zur Krippe kommen

Auf dem Weg zur Krippe lagen Schaffell, Stab, Laternen und Flöten (Symbol für die Hirten) sowie Gold, Weihrauch und Myrrhe (Symbol für die Könige). Ein Plakat erläuterte die Gegenstände. Der Weihrauch konnte gerochen und Myrrhensalbe getestet werden.

Stop – Look – Listen

Die Begegnung mit Gott geschieht in der Tiefe (Krypta), im Innehalten (Stop), im Staunen (Look) und im Hören (Listen), in der Niedrigkeit.
Jeder Besucher konnte diese Gedanken in der Stille meditieren. Ein Bild von Gerd Winner (»Stop – look – Listen«) sollte dabei helfen.

Im Herzen bewahren

Auf dem Weg aus der Krypta zu einem Marienrelief wurde der Besucher mit dem Stammbaum Jesu bekannt gemacht. Auf vier Plakaten wurden die ungewöhnlichen Lebensgeschichten von Tamar, Rahab, Rut und Batseba erzählt.
Am Marienrelief selbst wurde in Texten und Gebeten der Gedanke des Bewahrens aufgenommen.
Als Möglichkeit konkreten Tuns konnten die Besucher einen Prägefolienabdruck von einem Abschnitt des Reliefs herstellen. (Der Gedanke des »Im-Herzen-Bewahrens« wurde hier im Tun vollzogen.)
Außerdem konnten die Besucher ihren Namen auf ein Holzklötzchen schreiben und sich einreihen in die Kette derer, die von Jesus her ihr Leben zu gestalten versuchen.

Weihnachtsbaum – Lebensbaum

Eine große Fichte war mit filigranen Goldkugeln (aus durchbrochenem Draht) behängt. In diesen Kugeln befanden sich Goldzettel mit Segenswünschen. Die Besucher konnten sich einen Zettel aus einer Kugel nehmen und im Gegenzug einen neuen Zettel schreiben, in die Kugel stecken und wieder an den Baum hängen.

Mit allen Sinnen: Apfel, Nuss und Mandelkern

Für das 10. und letzte Bild wurden Kabinette gebildet, die jeweils mit einem Gebäck oder Weihnachtsschmuck gestaltet waren. Informationstafeln lieferten Hintergrundinfos. Hier konnten die Besucher probieren, riechen, schmecken.

Dank

Viele haben mitgewirkt, dass die erste Weihnachtsausstellung im Dezember 2001 in Hameln stattfinden konnte. Im Frühjahr 2001 war das erste Konzept gewachsen. Dann begann eine Zeit, in der Kalkulationen über die Höhe der Kosten angestellt, Gespräche um Zuschüsse geführt und Anträge gestellt wurden.
Vom Kirchenvorstand des Münsters St. Bonifatius, von Pastorin Grote sowie Pastor Wolten wurde das Projekt befürwortet. Auch bei Superintendent Wrede, Dechant Wingert sowie dem damaligen Schulleiter der Handelslehranstalt, OStD Werner Stapp, stießen wir auf großes Interesse. Dadurch ermutigt, entstand die Idee, die »Weihnachtslandschaften« nicht nur für die drei berufsbildenden Schulen, sondern auch für die Kirchengemeinden beider Konfessionen und die interessierte Öffentlichkeit zu planen.
Die finanzielle Unterstützung dazu wurde vom Kirchenkreis Hameln-Pyrmont, vom Dekanat Hameln-Holzminden, von der Hanns-Lilje-Stiftung (Hannover), vom Bonifatiuswerk der Deutschen Katholiken, von der Schulabteilung des Bischöflichen Generalvikariats (Hildesheim), von der Stadt Hameln, den Stadtwerken Hameln und von den drei berufsbildenden Schulen zugesichert.

Damit konnte die Feinplanung beginnen. Dies bedeutete:
- die Ausarbeitung der Begleittexte zur Ausstellung
- die Beschaffung der Materialien für die Bilder
- die Vorbereitung des Eröffnungsgottesdienstes sowie des Ausklangs
- die Werbung
- die Logistik im Blick auf die Führungen und Aufsichten
- die Herstellung von Stelen, Skulpturen, Sternen, Masken, Wunschkugeln, Wüstenlandschaften und Engeln.

Und Engel soll es nicht nur in der Weihnachtszeit geben. Als Veranstalter und Verantwortliche sind uns sehr viele begegnet in der Zeit der Vorbereitung:

Die Engel des Aktionskreises
Seit Anfang August trafen sich Ehrenamtliche und Hauptamtliche beider Konfessionen, um zu beratschlagen, zu planen und viele kleine und große Aufgaben zu übernehmen, als sei es das Selbstverständlichste der Welt. Die Namen der »Engel des Aktionskreises«:
Stefan Gettmann (St. Augustinus), Walburga Göken (St. Elisabeth), Friederike Grote (Pastorin am Münster St. Bonifatius) und Marion Wrede (Münster St. Bonifatius). Mit viel Begeisterung und Engagement trugen und begleiteten sie das Projekt.

Die Engel an den Schulen

Viele Schülerinnen und Schüler, Lehrerinnen und Lehrer der berufsbildenden Schulen arbeiteten in den verschiedensten Bereichen mit:

Es war eine große Freude, den Schülern des Berufsgrundbildungsjahres Metall (Eugen-Reintjes-Schule) zuzusehen, wie sie mit Stolz und Eifer den großen »Verheißungsstern« nach Entwürfen und unter Anleitung ihres Fachlehrers Friedrich Strüber schweißten, und wie geduldig sie die Metallfüße der Stelen fertigten.

Heinrich Stein und Melanie Klein sägten und lackierten mit ihren Klassen (Eugen-Reintjes-Schule) die Namensklötzchen für den Stammbaum.

Walter von der Heide (Eugen-Reintjes-Schule), Birgitta Lange-Pott, Christian Pott, Joachim Jäckel, Walburga und Horst Göken erklärten sich bereit, die Stelen zu färben.

Schülerinnen und Schüler des Fachgymnasiums Wirtschaft (Handelslehranstalt) stellten an einem Wochenende Anfang November Masken, die Sterndeuterinstallation und Wunschkugeln her. Es war faszinierend zu beobachten, mit welcher Ausdauer sie den sperrigen »Hasendraht« zu goldenen Kugeln formten, mit welcher Geduld sie Schicht um Schicht Gips auf die Gesichter der Mitschüler auftrugen, mit welcher Ernsthaftigkeit sie sich über ihre Sehnsüchte und Träume austauschten, bevor sie die Sterndeuterinstallation herstellten.

Die Schülerinnen des Berufsgrundbildungsjahrs Agrarwirtschaft mit dem Berufsziel Florist (Elisabeth-Selbert-Schule) arrangierten mit der Fachlehrerin Bettina Schultze die Dornen und Rosen des 1. Bildes, gestalteten die Eingangsbögen und flochten den Adventskranz.
Schülerinnen und Schüler der Elisabeth-Selbert-Schule gestalteten unter Anleitung von Eva-Maria Kostros eine Collage zum Text von R. O. Wiemer »Es müssen nicht Männer mit Flügeln sein«.
Die Kollegen der Fächer Musik und Darstellendes Spiel (Ralf Stege, Norbert Deide und Bernd Schlüter) von der Handelslehranstalt sagten ihre Mitarbeit zu, so dass Musik und Theater im Eröffnungsgottesdienst und während der Ausstellungswoche ihren Platz hatten.
Vikar Henning Hinrichs fertigte die Skizzen zu den einzelnen Stationen.
Bei Bernd Schlüter, Lehrer für Kunst an der Handelslehranstalt, wussten wir die Gestaltung der Plakate und Flyer in fachkundigen Händen.

Engel aus der Ferne
Sonja Krause, Kunststudentin aus Paderborn, und Ansgar Stelzer, Referendar aus Aachen, reisten eigens zum »Kreativwochenende« im November an, um mit den Schülerinnen und Schülern Masken, gut 150 Goldkugeln aus »Hasendraht« und die Sterndeuterinstallation zu gestalten. Den Entwurf und die Vorarbeiten zur Sterndeuterinstallation hatte Sonja Krause schon in Paderborn geschaffen.

Engel in der Nähe
Da ist vor allem Joachim Wrobel zu nennen, der mit Engelsgeduld das Layout für die Begleittexte zur Ausstellung, den Katalog, die »Engelkarten«, die »Sterndeuterkarten« und die Infozettel erstellte.
Ebenso Horst Göken, der sich anbot, die Wüstenlandschaft und die Quelle für Hagar sowie den Briefkasten für die »Engelspost« zu gestalten.
Werner Krüger stabilisierte die Stelen durch das geduldige Aufkleben von Leisten.
Josefa Thamm nahm die Anmeldungen für Gruppenführungen entgegen.
Dr. Kasting, P. i. R., und Sup. i. R. Schnell suchten »Verheißungsverse« für den großen Stern.
Ingrid Schiller gestaltete den »Weinenden Engel«.
Und nicht zuletzt sind die Männer und Frauen zu nennen, die sich bereit erklärten, die »Weihnachtslandschaften« auf- und abzubauen, und während der Ausstellung als Aufsicht oder Begleitung zu fungieren.

All diesen genannten und den ungenannten Engeln sei von Herzen gedankt. Ohne sie wären die »Weihnachtslandschaften« ein Traum geblieben.

Die Autoren

Kontaktadresse zur Wanderausstellung »Weihnachtslandschaften«:

Irmi und Hans Georg Spangenberger
Am Borberg 26
31787 Hameln

Silvia Mustert
Unter den Wisselbäumen 6
31787 Hameln

Literaturauswahl

Manfred Becker-Huberti: Lexikon der Bräuche und Feste, 3000 Stichwörter mit Infos, Tipps und Hintergründen. Freiburg 2000

Sigrid Berg: Arbeitsbuch Weihnachten, für Schule und Gemeinde, München und Stuttgart 1988

Karl-Heinz Bieritz: Das Kirchenjahr. Feste, Gedenk- und Feiertage in Geschichte und Gegenwart. München 1998

Wolfgang Christmann (Hrsg.): Weihnachten 01. Materialdienst des VKR-Niedersachsen, Ilsede 2001

Irene Dänzer-Vanotti: Ach, du fröhliche. Das Weihnachtsbuch für Singles und alle, die anders feiern wollen. München 1997

Anselm Grün: Engel für das Leben. Freiburg 2001

Anselm Grün: Weihnachten. Einen neuen Anfang feiern. Freiburg 1999

Johannes Kuhn: Kleine Weihnachtspredigt des Franz von Assisi. München 1985

Dietrich Steinwede: Nun soll es werden Frieden auf Erden. Weihnachten, Geschichte, Glaube und Kultur. Düsseldorf 1999

Rudolf Otto Wiemer: Bethlehem ist überall. Geschichten und Gedichte zur Weihnachtszeit. Gütersloh 1992

Rudolf Otto Wiemer: Es müssen nicht Männer mit Flügeln sein. Geschichten und Gedichte zu Weihnachtszeit. Stuttgart 1986

Quellennachweis

Seite 6	Aus: Kurt Marti, Meergedichte Alpengedichte, © Wolfgang Fietkau Verlag
Seite 13	Schülerinnen und Schüler des Fachgymnasiums Wirtschaft, Hameln
Seite 16	© Habib Bektas
Seite 25	Aus: Kurt Wolff, Kein Kinderspiel und andere Geschichten nicht nur zur Weihnachtszeit, Neukirchener Verlag Neukirchen-Vluyn, 1980
Seite 26	Wolfgang Christmann, in: Weihnachten 01, Reihe »materialdienst.de«, verlag beate christmann, Ilsede 2000
Seite 29	© Petrus Ceelen
Seite 33	© Klaus Jäkel, aus: Anzeiger für die Seelsorge 9/2001
Seite 35	Jörg Vins, aus: Publik Forum, Zeitung kritischer Christen, Oberursel, Ausgabe Nr. 3/97
Seite 36	© Rudolf Otto Wiemer Erben, Hildesheim
Seite 39	Aus: Anselm Grün, Engel für das Leben, © Verlag Herder Freiburg 2001
Seite 44	© Herman Van Veen, aus: Worauf warten wir, Rowohlt Taschenbuch Verlag 1981
Seite 47	© Peter Herbst, Wolfsburg
Seite 48/49	Wolfgang Christmann, in: Weihnachten 01, Reihe „materialdienst.de", verlag beate christmann, Ilsede 2000
Seite 59	© Johannes Kuhn
Seite 60	Aus: Dietrich Bonhoeffer, Widerstand und Ergebung. © Chr. Kaiser/Gütersloher Verlagshaus GmbH, Gütersloh
Seite 65-67	Wolfgang Christmann, in: Weihnachten 01, Reihe »materialdienst.de«, verlag beate christmann, Ilsede 2000

Bildnachweis

Umschlagentwurf: Bernd Schlüter, Hameln
Seite 10   Henning Hinichs, Osnabrück
Seite 11   Marc Chagall, Der brennende Dornbusch,
             © VG Bild-Kunst, Bonn 2002
Seite 17   Marc Chagall, Abraham und die drei Engel,
             © VG Bild-Kunst, Bonn 2002
Seite 21   © Sieger Köder, Wir haben seinen Stern gesehen
Seite 28   Henning Hinrichs, Osnabrück
Seite 31   Marc Chagall, Jakobs Traum, © VG Bild-Kunst, Bonn 2002
Seite 34   Marc Chagall, Engel (Detail), © VG Bild-Kunst, Bonn 2002
Seite 37   Stiftskirche Fischbeck, Krypta
Seite 40   Henning Hinrichs, Osnabrück
Seite 46   © Gerd Winner, Liebenburg
Seite 50   Maria im Ährenkleid, Dommuseum Hildesheim
Seite 62   Henning Hinrichs, Hannover

Seiten 29, 64, 75, 79, 80, 81, 85   Dr. Günter Brödemann
Seiten 24, 32, 36, 52, 55, 86   Andreas Jungnitz
Seiten 9, 23, 42, 44, 77, 78, 82, 83, 84, 88, 89, 90   Reiner Römschied